W0351159

Gewusst wie!

55 Alltagsprobleme Schritt für Schritt gelöst

Michael Sittig, Lutz Wilde

Stiftung Warentest
Finanztest

Liebe Leserin, lieber Leser,

vor drei Jahren erschien die Rubrik „Gewusst wie“ zum ersten Mal in unserer Zeitschrift Finanztest. Damals ahnten wir nicht, wie gut die kompakten Anleitungen für die Probleme des Alltags ankommen würden. Tatsächlich rangiert das „Gewusst wie“ in der Beliebtheitsskala unserer Leser inzwischen sehr weit oben.

55 wichtige „Lebenshilfe-Rezepte“ haben wir nun für Sie als Buch zusammengestellt. Besonders spannende und hilfreiche Anleitungen aus dem Heft haben wir dafür aktualisiert und verbessert. Außerdem sind viele völlig neue „Gewusst wie“ hinzugekommen.

Alle Anleitungen haben eines gemeinsam: Sie reduzieren lästige Aufgaben und Probleme rund um Finanzen und Recht auf wenige überschaubare Schritte. So fällt es viel leichter, die Wohnung zu kündigen, den Nachwuchs anzumelden oder Dieben Ihres Smartphones das Leben schwer zu machen. Blättern Sie doch einfach mal durch. Sie werden gewiss manche Anleitung finden, mit der Sie leidige Aufgaben schnell vom Tisch bekommen.

Inhaltsverzeichnis

Guten Anwalt finden
Kauf widerrufen
Außen-stände eintreiben
Reisemängel reklamieren

Mit der Versicherung streiten

Kauf+ Recht

Mit dem Anwalt streiten

Kauf widerrufen

Sie benötigen

- Widerrufsschreiben
- Verpackungsmaterial

Wenn Sie bei Händlern im Internet oder aus dem Katalog bestellen, haben Sie es gut. Einen Kauf dürfen Sie dann zwei Wochen lang widerrufen, auch wenn die Ware in Ordnung ist.

1 Sie bereuen einen Kauf? Dann überlegen Sie es sich ruhig anders. Nur in wenigen Fällen ist kein Widerruf möglich, etwa bei verderblicher Ware, entsiegelter Software, CDs oder DVDs, bei Zeitungs- und Zeitschriftenabos und bei Ware, die nach Wunsch gefertigt wurde. Ein Computer, den Sie auf der Händlerhomepage zusammengestellt haben, gilt nicht als Wunschanfertigung, Sie dürfen ihn zurückgeben.

2 Um zu widerrufen, müssen Sie die Ware zurückschicken. Sie können zunächst auch einen schriftlichen Widerruf schicken. Ein Anruf reicht nicht. Nötig ist das bei sperriger Ware, die der Händler abholen muss. Eine Begründung muss der Widerruf nicht enthalten, aber Sie müssen ihn per Brief, Mail oder Fax schicken. Wichtig: Manche Händler gewähren im Kleingedruckten statt des Widerrufsrechts ein Rückgaberecht. Dann zählt nur eine Rücksendung innerhalb der Frist, kein Schreiben.

3 Für den Widerruf haben Sie ab Erhalt der Bestellung zwei Wochen Zeit. Innerhalb dieser Frist müssen Sie die Ware oder das Schreiben abschicken. Ist der letzte Tag der Frist ein Sonnabend, Sonn- oder Feiertag, gilt sie bis zum nächsten Werktag. Hat der Händler Sie nicht in Textform, also etwa per E-Mail, über Ihr Widerrufsrecht informiert, beginnt die Frist erst, wenn er dies nachholt.

4 Wenn Sie widerrufen, weil der Händler falsche Ware geschickt hat, muss er die Versandkosten zahlen. Ist die Ware die bestellte, aber gefällt sie Ihnen nicht, schauen Sie in die Versandbedingungen: Der Händler darf verlangen, dass Sie das Rückporto tragen, wenn er sie auf Rechnung verschickt oder wenn sie höchstens 40 Euro kostet. Regelt er nichts, muss er zahlen. Sie dürfen die Ware unfrei schicken. Sie ersparen dem Händler allerdings Mehrkosten, wenn Sie den Versand zunächst bezahlen und um Erstattung bitten.

5 Wenn der Händler 30 Tage nach dem Widerruf nichts erstattet hat, sollten Sie ihn mahnen. Wie das geht, lesen Sie auf Seite 22.

Abnutzungen

Kein Wertersatz

Wenn Sie widerrufen, darf der Händler in der Regel kein Geld für Abnutzungen verlangen. Haben zum Beispiel die Schuhsohlen vor dem Widerruf Kratzer durch das Probetragen, ist das nicht Ihr Problem. Behandeln Sie Ware vor dem Widerruf aber trotzdem sehr pfleglich. Das erspart Ärger.

Defekte Ware reklamieren

Sie benötigen

- Die defekte Ware
- Mitunter einen langen Atem
- Kaufbeleg oder Zeuge des Kaufs

Wenn ein Produkt nicht richtig oder nicht wie versprochen funktioniert, können Kunden reklamieren. Bei großen Firmen klappt das meist reibungslos. Dennoch ist es gut, wenn Verbraucher ihre Rechte kennen.

1 Prüfen Sie, ob die Ware schon beim Kauf einen Mangel hatte. Wenn Sie sie selbst zur Mangelware gemacht haben, wird die Reklamation keinen Erfolg haben. Aber: Wenn Sie sich nicht sicher sind, sollten Sie die Reklamation nicht scheuen. Kosten für die Nachprüfung darf Ihnen der Händler nur berechnen, wenn sich zeigt, dass Sie völlig leichtfertig zu Unrecht reklamiert haben.

2 Reklamieren Sie beim Verkäufer. Er darf Sie nur an Service-Partner oder den Hersteller verweisen, wenn Sie einverstanden sind. Keinesfalls darf er Ihre Reklamation ablehnen, weil der Preis reduziert war oder die Verpackung fehlt. Das geht nur, wenn er heile Ware wegen Nichtgefallen zurücknehmen soll.

3 Zögern Sie nicht mit der Reklamation. Ihre Rechte gelten beim Kauf von Neuware zwar stets zwei Jahre. Doch nur im ersten halben Jahr ab Kauf muss der Händler beweisen, dass die Ware bei Übergabe in Ordnung war – oder dafür geradestehen. Danach dreht sich die Beweislast zu Ihren Ungunsten.

4 Steht der Mangel fest, können Sie bestimmen, ob der Händler reparieren oder ein neues Produkt liefern soll. Diese Freiheit wird nur beschränkt, wenn Ihre Auswahl für ihn sehr unwirtschaftlich ist, also etwa wenn Sie bei Billigware eine teure Reparatur fordern. Zudem gilt: Der Händler muss alle Wege-, Arbeits- und Materialkosten tragen, etwa wenn eine Waschmaschine neu installiert werden muss. Er muss auch die Kosten erstatten, falls Sie Ware zu einer Servicefirma schicken sollen, die Reklamationen bearbeitet.

5 Ist der Händler träge, machen Sie Druck. Fordern Sie ihn per Einschreiben zum Handeln auf. Setzen Sie eine Frist, zum Beispiel eine Woche, und drohen Sie mit dem Rücktritt vom Vertrag. Ihr Händler hat zwei Reparaturversuche. Mehr nicht. Lehnt er Ihren Umtausch- oder Reparaturwunsch rundweg ab, dürfen Sie Ihr Geld zurückverlangen. Das erreichen Sie dann aber wohl nur mit einem Anwalt.

Fernabsatz

Der sichere Weg

Die größte Rechtssicherheit haben Sie als Käufer, wenn Sie im Fernabsatz, also im Internet, per Katalog oder Telefon bestellen. Dann können Sie einen Kauf ohne Angabe von Gründen innerhalb einer Frist von zwei Wochen widerrufen (siehe Seite 8).

Reinigung reklamieren

Sie benötigen

- Ruiniertes Kleidungsstück
- Kaufbeleg (falls vorhanden)
- 30 bis 60 Euro für Schlichtung und Porto

Ist Ihr teurer Anzug bei der Reinigung eingelaufen oder der wertvolle Teppich ruiniert worden, können Sie Schadenersatz verlangen.

1 Erhalten Sie Ihre Kleidung aus der Reinigung und entdecken einen Mangel, sollten Sie ihn sofort reklamieren. Viele Reiniger geben Kunden dafür nur zwei Wochen Zeit. Gesteht die Reinigungsfirma den Fehler ein, muss sie den „Zeitwert" des Kleidungsstücks ersetzen. Vom Kaufpreis wird je nach Alter und Zustand der Textilie zur Zeit der Reinigung etwas abgezogen. Haben Sie die Kaufquittung nicht mehr, wird der Kaufpreis im Zweifel geschätzt.

2 Den Zeitwert können Sie selbst berechnen mit der „Zeitwerttabelle für Textilien und Leder" des deutschen Textilreinigungsverbandes (zu finden über eine Googlesuche). Laut Tabelle hat zum Beispiel ein Baumwollsakko eine Lebensdauer von drei Jahren. Betrug der Kaufpreis 500 Euro und war das Sakko bei Reinigung zwei Jahre alt, liegt der Zeitwert zwischen 100 und 250 Euro. Aber: In ihren Geschäftsbedingungen beschränken die Reiniger ihre Haftung auf das 15-Fache des Reinigungspreises. Die Beschränkung gilt nur dann nicht, wenn der Schaden durch einen groben Reinigungsfehler entstanden oder die Kleidung verschwunden ist.

3 Ist mit der Firma keine Einigung möglich, können Sie sich an eine Schiedsstelle der Textilreiniger wenden (Adressen unter www.dtv-bonn.de, Suchwort: „Schiedsstelle"). Experten versuchen herauszubekommen, wer für den Schaden verantwortlich ist. Das Verfahren kostet zwischen 20 und 60 Euro. Das Geld wird nicht erstattet, auch nicht, wenn Sie recht bekommen. Zudem tragen Sie das Porto fürs Einschicken der Kleidung. Beträgt deren Zeitwert weniger als die Verfahrenskosten, lohnt das Schiedsverfahren nicht.

4 Der Schiedsspruch ist nicht verbindlich. Sie können also immer noch klagen, wenn Sie nicht zufrieden sind. Aber Sie müssen vor Gericht beweisen, dass der Reiniger den Schaden verursacht hat. Hat die Schiedsstelle herausgefunden, dass etwa ein falsches Pflegesymbol im Kleid die Schadensursache war, können Sie mit dem Gutachten der Schiedsleute gut begründet vom Hersteller Schadenersatz verlangen.

Versicherung

Schutz erweitern

Bei sehr teuren und noch nicht alten Stücken lohnt sich eine Textil-Versicherung. Sie zahlt im Schadensfall den vollen Zeitwert. Die Versicherung können Sie im Reinigungsgeschäft abschließen. Sie kostet je nach Wert der Textilie nur ein paar Euro.

Geld von der Bahn zurückfordern

Sie benötigen

- Die Fahrkarte
- Die Zugnummer
- Das Fahrgastrechte-Formular

Wenn Sie mit der Bahn reisen und Ihr Ziel mehr als 60 Minuten zu spät erreichen, können sie 25 Prozent des Fahrpreises zurückfordern. Ab einer Verspätung von 120 Minuten bekommen Sie sogar 50 Prozent erstattet.

1 Lassen Sie sich die Verspätung und die Gründe vom Zugbegleiter oder von Mitreisenden bestätigen. Das hilft bei späteren Erstattungsforderungen. Die Bahn muss zahlen, wenn sie für die Verspätung verantwortlich ist, also bei technischen Störungen, Schäden an Zügen oder wenn Anschlusszüge nicht aufeinander warten. Nach Verspätungen aufgrund „besonderer Umstände“

wie Hindernissen auf den Gleisen oder Schneeverwehungen zahlt die Bahn nicht. Wenn Sie nicht herausfinden, weshalb Ihr Zug zu spät war, sollten Sie Ihre Ansprüche trotzdem anmelden. Die Bahn muss dann darlegen, warum sie unpünktlich war.

2 Um die Ansprüche geltend zu machen, müssen Sie das Fahrgastrechte-Formular ausfüllen. Das gibt es beim Schaffner, am Servicepoint im Bahnhof oder unter www.bahn.de/fahrgastrechte. Nutzen Sie die Hotline der Bahn, wenn beim Ausfüllen Fragen auftauchen. Sie lautet 0180 5/202178 (14 Cent aus dem Festnetz).

3 Geben Sie das Formular und eine Kopie Ihrer Fahrkarte am Servicepoint ab oder schicken Sie es innerhalb eines Monats an das Servicecenter Fahrgastrechte, 60647 Frankfurt. Spätestens nach einem Monat sollten Sie Nachricht darüber haben, ob Sie eine Entschädigung erhalten. Ausgezahlt werden nur Beträge über 4 Euro. Lehnt die Bahn Ihren Antrag ab, müssen Sie mit einem Formschreiben ohne detaillierte Ablehnungsgründe rechnen.

4 Wenn Ihnen die Antwort nicht passt, wenden Sie sich an die Schlichtungsstelle für den öffentlichen Personenverkehr (Fasanenstraße 81, 10623 Berlin, www.soep-online.de). Sie gibt dann eine Empfehlung ab. In fast 90 Prozent der Fälle folgt die Bahn den Empfehlungen.

Verspätung

Noch mehr Rechte

Sie können von der Reise zurücktreten und sich das Geld erstatten lassen, wenn mit einer Verspätung am Ziel von mehr als 60 Minuten zu rechnen ist. Weist die Ansage auf eine 20-minütige Verspätung hin, dürfen Sie andere Züge zuschlagsfrei nutzen. Liegt die planmäßige Ankunft zwischen 24 und 5 Uhr, können Sie bei Verspätung oder Ausfall bis zu 80 Euro Taxigeld fordern. Können Sie wegen 60 oder mehr Minuten Verspätung nicht starten oder ist der Anschluss weg, haben Sie Anspruch auf ein Hotelzimmer.

Reisemängel richtig reklamieren

Sie benötigen

- Katalog- und Reiseunterlagen
- Vor Ort: Beweise
- Nach Möglichkeit ein Faxgerät mit Sendeprotokoll

Das Hotelzimmer ist verschmutzt, das Essen schlecht und neben dem Hotel lärmen Bagger, von denen bei Buchung noch keine Rede war? Wenn eine Pauschalreise Mängel hat, können Sie den Reisepreis mindern.

1 Kümmern Sie sich schon am Urlaubsort darum, wenn etwas nicht stimmt. Sonst könnten Sie Ihre Minderungsansprüche verlieren. Zeigen Sie Mängel der Reiseleitung schriftlich an, fordern Sie Abhilfe und verlangen Sie, dass der Reiseleiter die Anzeige unterschreibt. Ob Sie es wirklich mit einem Mangel zu tun haben, können Sie am besten erkennen, wenn Sie die Reiseunterlagen und die Katalogseiten dabeihaben. So können Sie Versprechen und Realität gut vergleichen.

2 Ist kein Reiseleiter erreichbar, sollten Sie die Anzeige an den Reiseveranstalter schicken. Bequem ist eine E-Mail. Einen besseren Nachweis haben Sie aber, wenn Sie ein Fax schicken. Ist eine sofortige Mängelanzeige nicht möglich, sollten Sie das gleich nach der Rückkehr erledigen.

3 Die Reklamation hat nichts gebracht? Dann sichern Sie Beweise. Machen Sie Fotos, zum Beispiel vom defekten Pool. Sammeln Sie Anschriften von Mitreisenden oder lassen Sie es sich von der Fluggesellschaft bestätigen, wenn es während der An- oder Abreise zu großen Verspätungen gekommen ist.

4 Nach der Rückkehr müssen Sie Ihre Forderungen beim Reiseveranstalter geltend machen. Die genaue Minderungshöhe müssen Sie nicht benennen. Formulieren Sie aber deutlich, dass Sie Geld wollen. Dafür haben Sie einen Monat Zeit. Ratsam ist ein Fax mit Sendeprotokoll oder ein Einschreiben.

5 Haken Sie nach, wenn sich nichts tut. Ihre Ansprüche verjähren nach zwei Jahren, wenn Sie sich nicht darum kümmern. Macht das Reiseunternehmen ein Angebot, sollten Sie es zunächst prüfen. Hier hilft die Seite www.adac.de. Wenn Sie dort „Frankfurter Tabelle“ in die Suche eingeben, erhalten Sie eine Übersicht, welche Minderungen bei welchen Mängeln üblich sind. Wichtig: Die Prozentangaben, die dort stehen, beziehen sich nicht auf den Preis für die gesamte Reise, sondern nur auf jene Tage, an denen der Mangel auch wirklich vorlag.

Reisemängel

Rechtliche Hilfe

Bleibt die Reisegesellschaft stur und will Sie Ihnen kein Geld oder nur einen Reisegutschein schicken, sollton Sie sich von einem Rechtsanwalt beraten lassen, sofern es nicht bloß um kleine Unannehmlichkeiten geht. Rat bieten auch Verbraucherzentralen.

Versicherung loswerden

Sie benötigen

- Ihren Versicherungsvertrag
- Widerruf oder Kündigung per Einschreiben oder Fax

Wer überflüssige Versicherungen kündigt und teure Verträge durch günstigere auswechselt, spart schnell mehrere hundert Euro im Jahr.

1 Lesen Sie den Versicherungscheck unter www.test.de (Suchwort: „Passende Policen"). Dort listet eine Tabelle wichtige und unwichtige Versicherungen auf. Haben Sie vor Kurzem einen unnötigen Vertrag abgeschlossen, haben Sie nach dem Abschluss zwei Wochen Zeit, ihn zu widerrufen, bei Renten- oder Lebensversicherungen 30 Tage. Die Frist beginnt einen Tag nach Erhalt aller Vertragsunterlagen. Widerrufen Sie am besten per Einschreiben.

2 Prüfen Sie, ob Sie wichtige Versicherungen anderswo billiger bekommen. Holen Sie mehrere Angebote ein. Sehr große Preisunterschiede gibt es etwa bei der Autoversicherung oder der privaten Krankenversicherung. Über www.test.de/analysen können Sie sich ganz individuell für 16 bzw. 18 Euro günstige Anbieter durch die Stiftung Warentest ermitteln lassen.

3 Beachten Sie die Kündigungsfrist. Versicherungen laufen oft ein Jahr und müssen einen Monat vor Jahresende gekündigt sein. Die Autoversicherung etwa läuft oft von Januar bis Dezember. Wenn Sie wechseln wollen, müssen Sie bis zum 30. November kündigen. Es gibt aber auch Verträge, die nicht für das Kalenderjahr laufen, sondern zwölf Monate ab Abschluss. Die Kündigungsfrist kann bei manchen Versicherungen statt einem Monat bis zu drei Monate betragen. Schauen Sie in Ihren Vertrag. Bei Verträgen mit einer Laufzeit von über drei Jahren können Sie erstmals zum Ende des dritten Jahres kündigen. Informationen zum Wechsel der Krankenkasse finden Sie auf Seite 110.

4 Ein besonderes Recht zur Kündigung haben Sie, wenn Ihr Versicherer die Beiträge erhöht, ohne dass er die Versicherungsleistungen verbessert hat. Meist müssen Sie innerhalb eines Monats nach Erhalt der Erhöhungsmitteilung kündigen.

5 Kündigen Sie per Einschreiben. Würde eine Kündigung per Post zu spät kommen, behelfen Sie sich mit einem Fax. Der Fax-Sendebericht sollte festhalten, was Sie wann wohin gefaxt haben. Kündigen Sie besser nicht per E-Mail. Sie können den Zugang kaum beweisen.

Lebensversicherung

Zahlung einstellen

Eine Lebensversicherung können Sie auch beitragsfrei stellen, statt den Vertrag zu kündigen. Aber Achtung: Beinhaltet die Lebensversicherung einen Zusatzschutz bei Berufsunfähigkeit, geht dieser mit der Beitragsfreistellung in der Regel verloren.

Mit der Versicherung streiten

Sie benötigen

- Papier und Stift
- Schriftwechsel mit dem Versicherer
- Versicherungsunterlagen
- Brief, Fax oder Internet

Ärgern Sie sich, weil etwa Ihre Hausratversicherung im Schadensfall nicht zahlt, müssen Sie nicht unbedingt klagen. Sie können auch einen Ombudsmann einschalten.

1 Beschweren Sie sich erst schriftlich beim Versicherer. Heben Sie den Schriftwechsel auf.

2 Führt das nicht zum Erfolg, können Sie sich an den Versicherungsombudsmann wenden, sofern Ihr Versicherer dort Mitglied ist. Ob das der Fall ist, steht unter www.versicherungsombudsmann.de (Link „Wir über uns“, „Angeschlossene Unternehmen“). Zuständig ist der

Ombudsmann auch, wenn Sie bei der Vermittlung einer Versicherung Ärger mit einem Versicherungsvertreter hatten. Die privaten Krankenversicherer haben einen eigenen Schlichter. Die dort angeschlossenen Firmen finden Sie unter: www.pkv-ombudsmann.de (Link „Versicherungsunternehmen").

3 Formulieren Sie Ihre Beschwerde. Es ist hilfreich, dafür den Vordruck von der Internetseite der Ombudsleute zu nutzen. Schicken Sie dann die Beschwerde etwa per Post oder Fax ab. Fügen Sie, wenn möglich, eine Kopie des Schriftwechsels mit dem Versicherer sowie eine Kopie Ihres Versicherungsscheins bei. Bis auf Ihr Porto ist die Beschwerde kostenfrei.

4 Der Ombudsmann versucht dann zu vermitteln. Gelingt dies nicht, trifft er eine Entscheidung, es sei denn die Rechtsfrage hat grundsätzliche Bedeutung und soll von Gerichten beurteilt werden. Der Schlichtungsspruch des Ombudsmanns der privaten Versicherer ist bei Streitfällen mit einem Wert bis zu 10 000 Euro für den Versicherer verbindlich. Bei höheren Streitwerten bis zu 100 000 Euro kann er Empfehlungen aussprechen. Der Schlichter der Krankenversicherer spricht nur unverbindliche Empfehlungen aus.

5 Sind Sie mit dem Spruch unzufrieden, können Sie immer noch klagen. Während des Schlichtungsverfahrens ist die Verjährung etwaiger Ansprüche gehemmt. Dies gilt nicht bei Beschwerden gegen Versicherungsvermittler.

Adressen

Schlichter anrufen

Den Ombudsmann der privaten Versicherer erreichen Sie unter: Versicherungsombudsmann e. V., Postfach 080632, 10006 Berlin, Tel. 0800/3696000.
Der Schlichter der privaten Kranken- und Pflegeversicherer hat die Adresse: Ombudsmann Private Kranken- und Pflegeversicherung, Postfach 060222, 10052 Berlin, Tel. 01802/55 04 44.

Außenstände eintreiben

Sie benötigen

- Eine fällige Forderung
- Ein Antragsformular für einen Mahnbescheid

Sie haben Ihr Auto verkauft, doch der Käufer zahlt nicht? Sie haben einen Job erledigt, aber der Kunde überweist das vereinbarte Honorar nicht? So treiben Sie Ihr Geld ein.

1 Prüfen Sie, ob Sie mit dem Schuldner einen klaren Zahlungstermin vereinbart haben. Dann ist er nach dem Termin im Verzug und es geht mit Schritt 3 weiter.

2 Haben Sie keinen Termin gesetzt, sollten Sie zunächst eine Zahlungsaufforderung schicken. Nennen Sie darin den Grund der Forderung, den Betrag und den genauen Termin, an dem das Geld eingegangen sein soll. Eine Frist von 14 Tagen ist meist angemessen. Geschieht nichts, können Sie noch eine Mahnung schicken – Sie müssen aber nicht. Bleiben Sie höflich, beziehen Sie sich auf die Zahlungsaufforderung und setzen Sie eine letzte Frist.

3 Nach dem vereinbarten Zahlungstermin oder dem Termin, den Sie in Schritt 2 gesetzt haben, ist Ihr Schuldner im Verzug. Sie dürfen ab jetzt Verzugszinsen verlangen. Zulässig ist ein aufs Jahr gerechneter Zins, der 5 Prozentpunkte über dem Basiszinssatz (0,37 Prozent, Stand Juli 2011) liegt. Der Schuldner muss Ihnen jetzt auch die Kosten erstatten, falls Sie Rechtsrat einholen.

4 Nutzen Sie das gerichtliche Mahnverfahren. Das Formular dazu gibt es im Schreibwarenhandel. Sie können es auch unter www.online-mahnantrag.de ausfüllen und ausdrucken. Eintragen sollten Sie neben Ihrer Forderung auch die Zinsforderung und die Kosten für das Mahnverfahren. Wichtig: Unter Ziffer 45 des Formulars können Sie angeben, dass es später automatisch mit einem Gerichtsverfahren weitergehen soll. Tun Sie das nur, wenn Sie sich dessen ganz sicher sind. Sonst können unnötige Kosten anfallen.

5 Schicken Sie den Antrag ans Mahngericht. Welches das ist, weiß das nächstgelegene Amtsgericht. Das Mahngericht verschickt dann ohne weitere Prüfung Ihrer Forderung den Mahnbescheid. Rührt sich der Schuldner darauf und auf einen auf demselben Weg zu veranlassenden Vollstreckungsbescheid nicht, dürfen Sie den Gerichtsvollzieher losschicken. Er treibt Ihr Geld ein. Widerspricht der Schuldner den Bescheiden, müssen Sie klagen.

Kosten

Günstiges Gericht

Einen Mahnbescheid zu beantragen ist effizient und nicht so teuer, wie viele denken. Die Gerichtskosten richten sich nach der Höhe der Forderung. Geht es zum Beispiel um 1 000 Euro, kostet ein Mahnbescheid 27,50 Euro.

Einen guten Anwalt finden

Sie benötigen

- Telefon
- Internet (nicht zwingend)

Über 150 000 Anwälte gibt es in Deutschland. Diese Riesenauswahl macht es schwer, den richtigen Helfer in juristischer Not zu finden. So gehen Sie vor, wenn Sie einen Anwalt benötigen:

1 Fragen Sie Freunde und Verwandte. So banal der Tipp klingt – selbst der Präsident der Bundesrechtsanwaltskammer gibt diesen Rat. Aber Achtung: Auch wenn die Freunde Gutes berichten, kommt es noch auf das Fachgebiet des Empfohlenen an. Ein Anwalt, der überwiegend Erbrechtsfälle bearbeitet, wird sich schwertun, wenn Sie mit einem Mieterproblem kommen.

2 Die Freunde wissen keinen Rat? Dann nutzen Sie den telefonischen Suchdienst der nächstgelegenen Rechtsanwaltskammer. Eine Übersicht der Kammern finden Sie im Internet unter www.brak.de. Auch der Deutsche Anwaltverein nennt Anwälte in Ihrer Nähe: Telefonisch unter 0180 5/18 18 05 (14 Cent/Minute) oder unter www.anwaltauskunft.de. Wenn Sie anrufen, sollten Sie Ihr Problem schildern, sodass man Ihnen spezialisierte Anwälte nennen kann. Keinesfalls sollten Sie kostenpflichtige Suchdienste bemühen.

3 Sehen Sie sich die empfohlenen Anwälte näher an. Schließlich soll es ein Topanwalt sein. Für Qualität spricht ein Fachanwaltstitel. Bis zu drei dieser Titel dürfen Anwälte führen. Für welche Probleme welcher Fachanwalt besonders geschult ist, können Sie unter www.test.de nachlesen (Suchwort „Fachanwalt"). Apropos Internet: Schauen Sie, ob der Anwalt Ihrer Wahl eine Homepage hat. Zeigt sich dort, dass er im gefragten Gebiet Fachaufsätze veröffentlicht, Mitglied einer Anwaltsarbeitsgemeinschaft ist oder sich fortbildet, spricht das für Spezialwissen.

4 Sie sitzen in der Kanzlei? Dann schauen Sie sich um. Macht das Büro einen geordneten Eindruck? Die häufigsten Fehler von Anwälten sind Fristversäumnisse durch nachlässige Büroorganisation. Fragen Sie den Anwalt, ob er Erfahrung in dem Rechtsgebiet hat, für das Sie ihn brauchen. Bitten Sie ihn vor Vergabe des Mandats, die möglichen Kosten zu benennen. Dafür muss er sich Ihren Fall anhören und Fragen stellen. Ein guter Anwalt bietet diesen Service gratis an, damit Sie ohne Kostendruck entscheiden können.

Anwaltshonorar

Feilschen Sie

Laut Gesetz sollen Mandant und Anwalt das Honorar für die außergerichtliche Beratung aushandeln. Machen Sie sich mit den Gebühren vertraut, wenn Sie auf Augenhöhe verhandeln wollen.
Hilfreich sind Kostenrechner im Internet wie etwa auf der Seite www.anwalt-suchservice.de.

Mit dem Anwalt streiten

Sie benötigen

- Antragsformular für die Schlichtungsstelle
- Kopien der Korrespondenz mit dem Anwalt

So wie es mitunter mit Handwerkern oder Händlern Ärger gibt, kann es auch zum Streit mit dem Rechtsanwalt kommen. Bleibt er trotz Auftrag untätig, ist seine Rechnung zu hoch oder ist das Ergebnis seiner Arbeit enttäuschend, müssen Mandanten aber nicht gleich vor Gericht ziehen. Seit Anfang des Jahres 2011 hilft die ehemalige Verfassungsrichterin Renate Jäger als Schlichterin der Anwaltschaft kostenlos bei Streit mit dem Anwalt.

1 Gibt es Anhaltspunkte für einen Anwaltsfehler? Hat er zum Beispiel den Erfolg eines Prozesses als völlig sicher bezeichnet und ihn dann doch verloren? Oder hat das Gericht Ihren Anspruch als „verfristet“ oder sogar „unsubstanziiert“, bezeichnet? In solchen Fällen sollten Sie erwägen, sich an die Schlichterin zu wenden. Sie nimmt Mandantenbeschwerden an, bei denen es um nicht mehr als 15 000 Euro geht und die nicht bereits von einem normalen Gericht oder dem Schlichter einer regionalen Anwaltskammer verhandelt werden oder wurden.

2 Handelt es sich um einen aktuellen Streit oder liegt Ihr Ärger schon länger zurück? Viele Ansprüche gegen den Anwalt verjähren nach drei Jahren. Wenn die Zeit knapp werden könnte, ist das Schlichtungsverfahren ungeeignet. Ein Antrag auf Schlichtung hemmt nicht die Verjährung.

3 Besorgen Sie sich das Merkblatt für den Schlichtungsantrag. Sie können es sich im Internet auf der Seite www.s-d-r.org herunterladen oder per Telefon unter 030/28 44 4170 anfordern. Das Blatt enthält Einverständniserklärungen, die Sie unterschreiben müssen, sowie eine Anleitung für das Verfahren.

4 Haben Sie den Antrag gestellt, schreibt die Schlichterin Ihren Anwalt an. Er kann beim Verfahren mitmachen, muss es aber nicht. Erklärt er sich dazu bereit, bearbeitet die Schlichterin den Antrag. Alles läuft schriftlich ab und am Ende macht sie einen unverbindlichen Einigungsvorschlag. Akzeptiert ihn der Anwalt nicht, bleibt nur der Gang zum Gericht. Anwälte, die sich auf den Streit mit Rechtsanwälten spezialisiert haben, nennt Ihnen der Suchdienst des Deutschen Anwaltvereins (www.anwaltsauskunft.de, Tel. 0180 5/18 18 05, 14 Cent/Min.).

Schlichtung

Alternativen

Auch die regionalen Rechtsanwaltskammern bieten außergerichtliche Beschwerde- und Schlichtungsverfahren für den Streit mit dem Anwalt an. Den Kontakt zu den Kammern finden Sie auf www.brak.de unter dem Button „regionale Kammern“.

Nebenjob beim Chef melden

Sie benötigen

- Ihren Arbeitsvertrag
- Den für Sie geltenden Tarifvertrag

Wer nach Feierabend einem Nebenjob nachgeht, tut das oft heimlich. Ratsam ist das aber nicht: Erfährt der Hauptarbeitgeber davon, kann das im schlimmsten Fall den Job kosten.

1 Schauen Sie in Ihren Arbeitsvertrag. Häufig steht dort, ob Sie eine Nebenbeschäftigung beim Hauptarbeitgeber anzeigen müssen und ob er sich die Genehmigung zumindest vorbehält. Finden Sie dort keine Regeln zum Nebenjob, ist das schon mal gut. Sie sollten aber auch einen Blick in den für Sie geltenden Tarifvertrag werfen. Wenn es in Ihrer Firma einen Betriebsrat gibt, können Sie auch dort nachfragen.

2 Steht im Arbeits- oder Tarifvertrag, dass Sie den Nebenjob melden müssen, sollten Sie dies schriftlich tun. Beamte und Beschäftigte im öffentlichen Dienst sind dazu in aller Regel verpflichtet. Sie finden bei ihrer Personalstelle oft Vordrucke, um den Nebenjob dem Dienstherrn anzuzeigen.

3 Lassen Sie sich nicht einschüchtern, wenn der Arbeitgeber nicht nur die Anzeige des Nebenjobs einfordert, sondern sich sogar die „Genehmigung“ eines Nebenjobs vorbehält. Was Sie in Ihrer Freizeit tun, ist grundsätzlich Ihre Sache. Solange Ihr Nebenjob keinerlei Auswirkungen auf Ihre Hauptarbeit hat, muss der Arbeitgeber den angezeigten Nebenjob genehmigen. Das wäre im Streitfall sogar gerichtlich durchsetzbar. Klauseln im Arbeitsvertrag, wonach jeder Zweitjob verboten ist, sind unwirksam. Sie müssen sich dann nicht daran halten.

4 Finden Sie keine Regeln zum Nebenjob im Arbeits- oder Tarifvertrag, dürfen Sie grundsätzlich jeden Nebenjob ausüben, ohne vorher Ihren Chef fragen zu müssen. Ausnahmen gelten etwa, wenn Sie so viel nebenher arbeiten, dass Sie übernächtigt zum Hauptjob kommen, oder für die Konkurrenz arbeiten. Sie dürfen auch nicht nebenher arbeiten, wenn Sie im Hauptjob krankgeschrieben sind. Kommt das raus, können Sie abgemahnt werden und riskieren sogar die Kündigung.

Arbeitszeitgesetz

Der 8-Stunden-Tag

Laut Gesetz dürfen Arbeitnehmer nur acht Stunden pro Werktag (dazu zählt auch der Samstag) arbeiten. Pausen gelten nicht als Arbeitszeit. Übergangsweise sind zehn Stunden erlaubt, wenn es einen Freizeitausgleich gibt und der Schnitt bei acht Stunden liegt. Bei mehreren Jobs werden die Stunden addiert. Liegt die Summe über der zulässigen Zeit, bekommt der Arbeitgeber, bei dem es zur Überschreitung kommt, Ärger. Die Zeitregeln gelten nicht für selbstständige Arbeiten neben einem Hauptjob.

Urlaub beantragen

Sie benötigen

- Arbeitsvertrag
- Schriftlicher Urlaubsantrag
- Schriftliche Bewilligung des Urlaubs durch den Arbeitgeber

Alle Arbeitnehmer haben Anspruch auf bezahlten Urlaub. Das gilt auch für Teilzeitkräfte, Auszubildende, 400-Euro-Jobber, Aushilfen oder Arbeitnehmer im Nebenjob.

1 Fragen Sie beim Arbeitgeber nach, wie viel Urlaub Ihnen zusteht. Sie können auch in Ihren Arbeitsvertrag oder in den für Sie geltenden Tarifvertrag schauen. In jedem Fall stehen Ihnen vier Wochen gesetzlicher Mindesturlaub zu. Das bedeutet: Arbeiten Sie sechs Tage die Woche, stehen Ihnen 24 Arbeitstage Urlaub im Jahr zu. Bei einer Fünf-Tage-Woche sind es 20 Arbeitstage, bei einer Vier-Tage-Woche 16 Tage.

2 Beantragen Sie Ihren Urlaub schriftlich, und zwar möglichst früh. Buchen Sie eine Reise aber erst dann fest, wenn der Chef Ihren Antrag unterschrieben hat. Dafür gibt es keine feste Frist. Lässt er Ihren Antrag bis zum geplanten Urlaubsbeginn einfach liegen, dürfen Sie auf keinen Fall eigenmächtig in Urlaub fahren, sonst droht Ihnen eine fristlose Kündigung. Ziehen Sie in einem solchen Fall einen Fachanwalt für Arbeitsrecht zurate.

3 Der Arbeitgeber muss Ihren Urlaubswunsch berücksichtigen. Er darf nur ausnahmsweise Nein sagen, etwa wenn Sie in den Schulferien Urlaub machen möchten und Kollegen mit schulpflichtigen Kindern Vorrang haben. Grundsätzlich dürfen Sie Ihren Urlaub am Stück nehmen, es sei denn es gibt dringende betriebliche Gründe dagegen. In jedem Fall stehen Ihnen mindestens zwei zusammenhängende Wochen Urlaub zu.

4 Einen einmal bewilligten Urlaub darf Ihr Arbeitgeber nur in Notfällen widerrufen. Aber Achtung: Widerruft er tatsächlich den bewilligten Urlaub und haben Sie starke Zweifel, ob ein Notfall wirklich vorliegt, sollten Sie auf keinen Fall „auf eigene Faust“ in Urlaub gehen. Auch dann müssen Sie zum Anwalt und den Streit mit Ihrem Arbeitgeber erst einmal klären. Sicher sind Sie, wenn Ihre Ferien begonnen haben: Ihr Chef kann Sie rechtlich nicht zwingen, den Urlaub abzubrechen.

Jahresende

Resturlaub verfällt

Laut Gesetz verfällt Urlaub, der bis zum Ende des Jahres nicht genommen ist. Nur ausnahmsweise, etwa wenn Arbeitnehmer krankheitsbedingt ihren Urlaub nicht komplett bis Ende Dezember nehmen konnten, dürfen Sie die übrigen Urlaubstage bis zum 31. März des Folgejahres mitnehmen. Manche Betriebe erlauben es aber, den Resturlaub ganz ohne Bedingungen ins nächste Jahr mitzunehmen. Teilweise sogar über den 31. März hinaus.

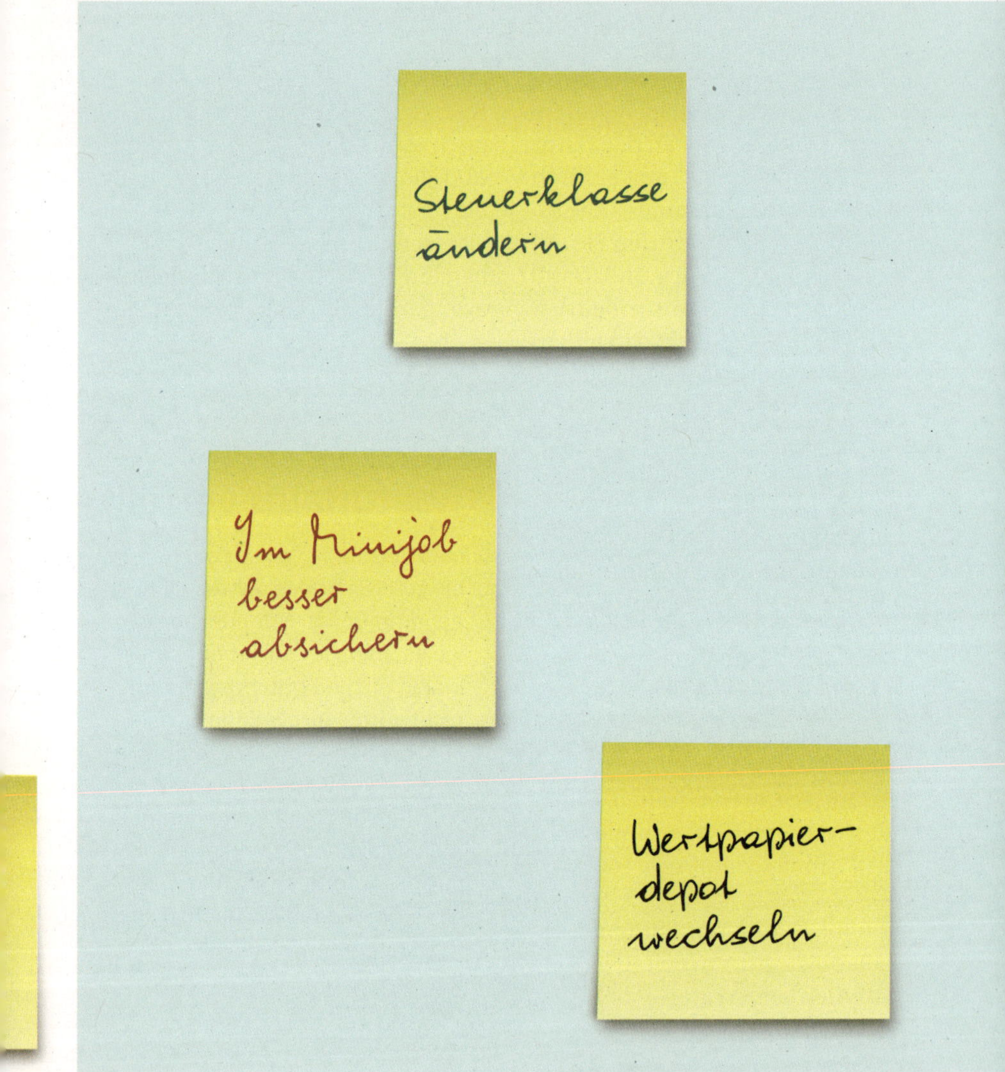
Steuerklasse ändern
Im Minijob besser absichern
Wertpapier-depot wechseln

Schufa-Daten kontrollieren

Geld + Steuern

Steuern sparen mit Freibetrag

Steuerklasse ändern

Sie benötigen

- Lohnsteuerkarten beider Ehepartner (bei Änderung der Steuerklasse bis Ende 2011)
- Vordruck für „Antrag auf Steuerklassenwechsel bei Ehegatten“

Mit einem Wechsel der Steuerklasse können verheiratete Arbeitnehmer die Summe der beiden Nettogehälter erhöhen, denn je nach Klasse behält der Arbeitgeber mehr oder weniger Steuern ein. Ein Wechsel der Klasse kann zudem zu mehr Eltern- oder Arbeitslosengeld führen. Beide Partner können die Klasse IV nehmen oder einer wählt die III und der andere die V. Seit 2010 können beide die Klasse „IV mit Faktor“ wählen.

1 Verdienen Sie und Ihr Partner unterschiedlich viel, gilt die Faustregel: Wer 60 Prozent des gemeinsamen Bruttolohns verdient, sollte in die günstige Klasse III. Der andere muss dann zwar in die Klasse V. Der Nettolohn beim Besserverdienenden steigt so aber mehr, als er beim anderen sinkt. Achtung: So haben Sie übers Jahr mehr Netto. Doch nach der Abgabe der Steuererklärung droht oft eine Steuernachzahlung.

2 Sie verdienen unterschiedlich viel und wollen große Nachzahlungen vermeiden? Dann wählen Sie beide die Klasse „IV mit Faktor". Verdienen Sie etwa gleich viel, nutzen Sie beide die Klasse IV. Der Rechner unter www.abgabenrechner.de hilft Ihnen, die optimale Steuerklassen-Kombination zu finden.

3 Droht einem von Ihnen die Arbeitslosigkeit, sollte er früh in Klasse III wechseln. Es gibt mehr Arbeitslosengeld, wenn die günstige Klasse zu Beginn jenes Jahres auf der Karte steht, in dem die Arbeitslosigkeit beginnt. Erwarten Sie Nachwuchs, sollte derjenige die Klasse III wählen, der nach der Geburt Elterngeld beantragen wird.

4 Lassen Sie sich beide vom Arbeitgeber Ihre Lohnsteuerkarte geben. Drucken Sie den Antrag für den Klassenwechsel aus. Sie finden ihn unter www.formulare-bfinv.de (Suchwort: „Steuerklassenwechsel"). Schicken Sie das ausgefüllte Formular mit beiden Unterschriften und den Steuerkarten an Ihr Finanzamt. Sie können den Antrag dort auch mündlich stellen. Nehmen Sie dafür beide Steuerkarten und Personalausweise mit. Ab 2012 wird die elektronische Steuerkarte eingeführt. Dann müssen Sie für den Antrag auf Steuerklassenwechsel keine Karte mehr vorlegen.

Wechselfrist

Stichtag 30.11.

Ein beantragter Steuerklassenwechsel wird zu Beginn des Folgemonats wirksam. Einen Wechsel für das laufende Jahr können Sie nur bis spätestens 30. November beantragen. Paare, die keine günstige Wahl treffen, zahlen jeden Monat zu viel Steuern und können sie sich erst mit der Steuererklärung zurückholen.

Mehr Netto rausholen
mit Steuerfreibetrag

Sie benötigen

- „Antrag auf Lohnsteuer-Ermäßigung" (gibt es beim Finanzamt oder unter www.formulare-bfinv.de, Suchwort: „Lohnsteuer-Ermäßigung")

Arbeitnehmer mit häuslichem Arbeitszimmer, einer Putzfrau oder hohen Fahrtkosten können die Ausgaben von der Steuer absetzen. Wer sie nicht erst später mit der Steuererklärung geltend machen will, kann einen Freibetrag beantragen. Hat das Finanzamt keine Einwände, zahlt der Chef dann gleich mehr Netto aus.

1 Nur wenn Sie für die zu Hause erledigte Arbeit anderswo keinen Arbeitsplatz haben wie oft etwa bei Lehrern, dürfen Sie ein Arbeitszimmer absetzen. Wohnen Sie zur Miete, können Sie Ihre Bruttomiete anteilig im Verhältnis der Raumgröße zur Gesamtwohnfläche ansetzen.

Als Eigenheimbesitzer erhalten Sie nach der gleichen Rechnung einen Freibetrag etwa für Kreditzinsen, Gebäudeversicherung und Grundsteuer. In beiden Fällen können Sie zudem anteilige Kosten für eine Zimmerrenovierung, die Ausstattung und den Strom geltend machen.

2 Auch für hohe Fahrtkosten ist ein Freibetrag möglich. Für die Distanz zwischen Zuhause und der Arbeit erkennt das Finanzamt 30 Cent Pauschale an. Multiplizieren Sie Kilometer und Cent mit den Arbeitstagen pro Jahr (bei einer Fünftagewoche 230 Arbeitstage).

3 Sie erhalten den Freibetrag, wenn alle zu erwartenden Werbungskosten plus Sonderausgaben (wie Kinderbetreuung) und außergewöhnlichen Belastungen (wie Elternunterhalt) mindestens 600 Euro betragen. Tragen Sie die Kosten für Arbeitszimmer und Fahrten im Ermäßigungsantrag unter D ein. Achtung: Wenn das Finanzamt ausrechnet, ob Sie die 600-Euro-Grenze erreicht haben, lässt es von den Kosten für Arbeitsweg und -zimmer pauschal 920 Euro unberücksichtigt.

4 Beschäftigen Sie eine Putzfrau oder renoviert bei Ihnen ein Handwerker, können Sie auch dafür einen Freibetrag erhalten. Wichtig: Die Putzfrau muss angemeldet sein. Bei einem Lohn bis 400 Euro bei der Minijob-Zentrale, bei mehr Lohn bei der Krankenkasse. Der Handwerker muss auf Rechnung arbeiten und sein Geld per Überweisung bekommen. Solche Ausgaben tragen Sie im Antrag unter Punkt C III ein. Schicken Sie ihn an Ihr Finanzamt. Für 2011 müssen Sie sich die Steuerkarte 2010 (gilt auch für 2011) vom Arbeitgeber geben lassen und mit abgeben.

Freibetrag

Ein Beispiel

Trägt das Finanzamt den Freibetrag ein, wird er auf die restlichen Monate des Jahres verteilt. Beantragen Sie also im Juli einen Freibetrag in Höhe von 5 000 Euro, bleiben Ihnen von August bis Dezember monatlich 1 000 Euro mehr vom Lohn steuerfrei.

Vermögenswirksame Leistungen beim Chef beantragen

Sie benötigen

- Schriftliche Bestätigung über Abschluss eines VL-Sparvertrags

Vielen Arbeitnehmern und Beamten stehen jeden Monat bis zu 40 Euro vermögenswirksame Leistungen (VL) zu. Das Geld zahlt der Chef direkt in einen Sparvertrag, den der Mitarbeiter sich zuvor ausgesucht hat. Oft läuft der Vertrag über sieben Jahre. Danach können Arbeitnehmer sich das Gesparte auszahlen lassen.

1 Klären Sie, ob Sie einen Anspruch auf vermögenswirksame Leistungen haben. Ob Ihnen etwas zusteht und wie viel, steht in der Regel in dem für Sie geltenden Tarifvertrag. Bescheid weiß darüber auch Ihre Personalstelle oder der Betriebsrat in Ihrer Firma.

2 Haben Sie einen VL-Anspruch und legen Sie Wert auf eine sichere Geldanlage, sollten Sie einen Banksparplan abschließen. Die Degussa Bank (www.degussa-bank.de) oder die ING Diba etwa (www.ing-diba.de) bieten einen VL-Banksparplan an. Auch ein Bausparvertrag ist eine sichere Anlageform. Zuletzt schnitt der VL-Bausparvertrag der Bausparkasse Alte Leipziger (www.alte-leipziger.de) im Test gut ab.

3 Wenn Sie mehr Renditechancen wollen und bereit sind, ein Verlustrisiko zu tragen, kommen Aktienfonds infrage. Empfehlenswert ist zum Beispiel der UniGlobal mit der Kennnummer „Isin DE 000 849 105 1". Über Fondsvermittler wie www.fondsclever.de oder www.avl-investmentfonds.de erhalten Sie diesen und andere Fonds oft günstiger als bei den Banken.

4 Wenn Sie einen Baukredit abzahlen, sollten Sie die VL in die Tilgung des Kredits stecken. Finanzieren Sie Ihre Immobilie über eine Bausparkasse, ist die Erhöhung Ihrer Tilgung um die VL-Zahlungen meist kein Problem. Bei Banken und Sparkassen hängt es hingegen vom Kreditvertrag ab. Fragen Sie am besten dort einmal nach.

5 Nach Abschluss des Sparvertrags erhalten Sie vom Anbieter eine Bescheinigung. Die müssen Sie an den Arbeitgeber weitergeben.

Förderung

Staat schießt zu

Der Staat fördert VL-Bausparverträge mit der Arbeitnehmersparzulage, wenn der Sparer nicht mehr als 17 900 Euro zu versteuerndes Einkommen hat (Ehepaare: 35 800 Euro). Er gibt dann 9 Prozent der VL-Einzahlungen dazu, maximal 43 Euro pro Jahr. Fließt das Geld in einen Aktienfonds, schießt der Staat pro Jahr 20 Prozent – maximal 80 Euro – zu. Das Einkommen des Fondssparers darf aber nicht über 20 000 Euro liegen (Ehepaare: 40 000 Euro). Zu beantragen ist die Arbeitnehmersparzulage in der Steuererklärung.

Im Minijob besser absichern

Sie benötigen

- Formlose schriftliche Erklärung gegenüber Ihrem Arbeitgeber
- Änderungsantrag Ihres Arbeitgebers an die Minijob-Zentrale Rente durch Minijob

Minijobber können sich besser absichern. Dafür müssen sie den vom Arbeitgeber abgeführten Beitrag für die gesetzliche Rentenversicherung aus eigener Tasche aufstocken. Davon haben sie zwar in der Regel nur ein sehr kleines Plus bei der Altersrente. Sie erhalten so aber auch Anspruch auf Erwerbsminderungsrente und auf Kuren. Weiterer Vorteil: Minijobber können dann auch die volle Riester-Förderung für die Altersvorsorge nutzen.

1 Prüfen Sie, ob Sie sich die verbesserte Absicherung leisten können. Stocken Sie auf, erhöhen sich Ihre Rentenbeiträge von 15 auf

19,9 Prozent. Die zusätzlichen 4,9 Prozent zahlen Sie. Wenn Sie 400 Euro im Monat verdienen, kostet Sie die Aufstockung monatlich 19,60 Euro. Jobben Sie in einem Privathaushalt, wird es teurer. Hier müssen Sie 14,9 Prozent des Rentenversicherungsbeitrags selbst zahlen. Die verbesserte Absicherung kostet sie dann monatlich 59,60 Euro. Diesen Betrag zahlen Sie nicht direkt beim Rentenversicherer ein, sondern Ihr Arbeitgeber verrechnet ihn mit dem Lohn.

2 Nächster Schritt: Teilen Sie Ihrem Minijob-Arbeitgeber mit formlosen Schreiben mit, dass Sie ab sofort oder ab einem anderen Termin auf Ihre Versicherungsfreiheit verzichten. Wenn Sie mehrere Minijobs haben, gilt diese Erklärung auch für die anderen Arbeitgeber. Sie sollten sie darüber informieren.

3 Ihr Arbeitgeber muss nun eine Änderungsmitteilung an die Minijob-Zentrale schicken. Arbeiten Sie in einem Privathaushalt, muss Ihr Arbeitgeber einen neuen Haushaltsscheck ausfüllen. Den gibt es bei der Minijob-Zentrale, 45115 Essen oder im Internet unter www.haushaltsscheck.de. Ihr Arbeitgeber muss im Formular das Häkchen bei „Folgescheck“ setzen, Ihre persönlichen Daten angeben und unter Punkt 10 des Formulars erklären, dass Sie Ihre Rentenversicherungsbeiträge aufstocken.

4 Behalten Sie Ihren neuen Status im Blick. Ihr Verzicht auf die Versicherungsfreiheit entfällt, wenn Sie Ihren Arbeitgeber oder – bei mehreren – alle Arbeitgeber wechseln. Wenn alles so bleiben soll, wie es ist, müssen Sie dann den Verzicht erneut erklären.

Aufstockung

Keine Rücknahme

Die Entscheidung zur Aufstockung kann eine 400-Euro-Kraft für die Dauer des Jobs nicht widerrufen. Verdient jemand insgesamt 400 Euro mit mehreren Minijobs, muss er eine einheitliche Wahl treffen: Die Aufstockung gilt für alle Jobs oder für keinen.

Schufa-Daten kontrollieren

Sie benötigen

- Schreiben an die Schufa
- Ausweiskopie
- Porto

Onlinehändler gestatten Ihnen nie den Kauf auf Rechnung? Der Handyvertrag wurde abgelehnt? Den Kredit bei der Bank gibt es nur zu lausigen Konditionen? Das kann daran liegen, dass Auskunfteien falsche oder alte Informationen über Ihr Zahlungsverhalten gespeichert und an Banken und Firmen weitergegeben haben. Die Auskunfteien heißen Bürgel, accumio, Creditreform, Deltavista oder Infoscore. Am bedeutendsten ist die Schufa. Zumindest bei ihr sollten Sie schauen, ob alles korrekt ist.

1 Einmal im Jahr müssen Auskunfteien kostenlos über gespeicherte Daten informieren. Bei der Schufa erreichen Sie das, indem Sie formlos eine „Datenübersicht nach § 34 BDSG“ anfordern. Unter www.meineschufa.de gibt es auch ein Formular für die Anfrage. Füllen Sie es aus und schicken Sie es mit einer Kopie Ihres Ausweises an die Schufa Holding AG, Postfach 61 04 10, 10 927 Berlin. Auf dem Ausweis können Sie alles außer Name, Anschrift und Geburtsdaten schwärzen. Aufgepasst: Ordern Sie keine „Bonitätsauskunft“. Sie kostet 18,50 Euro und enthält auch nicht mehr Daten.

2 Die Auskunft kommt mit der Post. Prüfen Sie, ob sie korrekt ist und keine wichtige Daten wie Hinweise auf kürzlich abgezahlte Kredite fehlen. Sind unberechtigte Forderungen gegen Sie eingetragen? Das müssen Sie nicht dulden. Ausnahme: Die unberechtigte Forderung wurde rechtskräftig festgestellt, etwa weil Sie gerichtlichen Bescheiden nicht widersprochen haben. Zweite Ausnahme: Man hat Sie zweimal gemahnt, der Fordernde hat Ihnen zwischen erster Mahnung und Schufa-Meldung vier Wochen Zeit gelassen und Sie haben der Forderung nie widersprochen. Dann ist der Schufa-Eintrag rechtens, auch wenn Sie niemandem Geld schulden.

3 Beschweren Sie sich bei der Schufa, wenn Sie Fehler finden, und legen Sie Kopien von Unterlagen bei, die die Fehler beweisen. Strittige Daten muss die Schufa bis zur Klärung sperren. Lässt sie sich auf Ihre Beschwerde nicht ein, können Sie sich beim Schufa-Ombudsmann beschweren (Postfach 5280, 65042 Wiesbaden). Hilft das nicht, wenden Sie sich an den Datenschutzbeauftragten Ihres Bundeslandes.

Scorewert

Mensch als Zahl

Die Schufa schickt Ihnen auch Ihren Scorewert. Er soll etwas über ihre Kreditwürdigkeit aussagen. Liegt er weit unter 100, sollten Sie Ihre Daten prüfen. Sie können der Weitergabe des Scores widersprechen. Banken und Firmen wird das aber sicher besonders skeptisch machen.

Girokonto wechseln

Sie benötigen

- Personalausweis
- Unterlagen für das Postident-Verfahren (siehe Seite 70)
- Aktuelle Gehaltsbescheinigungen
- Neuen Freistellungsauftrag
- Neue Kontovollmacht

Ein Kontowechsel ist klug, wenn Sie inklusive Kreditkarte für ein Filialkonto mehr als 80 Euro im Jahr zahlen oder für ein Onlinekonto mehr als 40 Euro. Wie viel Ihr Konto kostet, steht auf den Auszügen. In der Regel erfolgt die Abrechnung vierteljährlich. Sind die Kosten zu hoch, dann wagen Sie den Wechsel.

1 Fragen Sie bei Ihrer Bank, ob sie Ihnen ein günstigeres Konto anbietet, und schauen Sie auf die Angebote der Konkurrenz (siehe Kasten). Wichtige Überlegungen neben dem Preis: Benötigen Sie ein Konto mit Beratung in der Filiale? Reicht ein Konto, bei dem Sie alles online erledigen? Gibt es genug Automaten, an denen Sie kostenlos Geld bekommen? Wenn Sie viel reisen, sollten Sie nach Angeboten schauen, bei denen das auch im Ausland kostenlos ist. Gibt es Bedingungen wie etwa regelmäßige Geld- oder Gehaltseingänge in bestimmter Höhe, dann prüfen Sie, ob Sie sie erfüllen können.

2 Besorgen Sie sich von der neuen Bank die Eröffnungsunterlagen. Für die Eröffnung in der Filiale brauchen Sie einen Ausweis. Bei Direktbanken erfolgt meist alles mittels Postident-Verfahren (siehe Seite 70). Möchten Sie einen Dispokredit oder eine Kreditkarte, brauchen Sie meist Gehaltsbescheinigungen.

3 Haben Sie Bankkarte und Geheimzahl per Post erhalten, müssen Sie Ihren Arbeitgeber über das neue Konto informieren. Erfassen Sie anhand der Kontoauszüge von drei Monaten, wer regelmäßig Beträge vom alten Konto einzieht oder Geld überweist. Teilen Sie allen die neuen Daten mit. Manche Banken erleichtern den Wechsel mit Postkarten, auf denen Sie nur noch Ihre Adresse eingeben müssen.

4 Löschen Sie nun alte Daueraufträge und richten Sie sie für das neue Konto ein. Vergessen Sie nicht, mögliche Kontovollmachten zu übertragen. Wenn Ihr Guthaben auf dem neuen Girokonto verzinst wird, sollten Sie auch einen Freistellungsauftrag erteilen.

5 Führen Sie beide Konten drei Monate lang parallel, bevor Sie das alte Konto kündigen. So vermeiden Sie Fehlbuchungen. Die Kündigung erledigen Sie mit einem formlosen Schreiben. Die Bank rechnet dann das alte Konto kostenlos ab und überträgt verbliebenes Guthaben auf Ihr neues Konto.

Konto-Test

Konto auswählen

Der „Produktfinder Girokonten" unter www.test.de hilft Ihnen bei der Suche. Sie können damit eine individuelle Auswahl getesteter Konto-Angebote treffen. Es sind auch gute Gratis-Konten dabei!

Staatspapiere kaufen

Sie benötigen

- Ein Schuldbuchkonto bei der Deutschen Finanzagentur
- Ein Konto bei einer Bank

Papiere des deutschen Staates sind eine sehr sichere und beliebte Geldanlage. Bei der Deutschen Finanzagentur in Frankfurt am Main können Anleger etwa Bundesschatzbriefe, Finanzierungsschätze, Bundesobligationen und die Tagesanleihe – eine Art Tagesgeld – kaufen. Dafür müssen sie dort ein „Schuldbuchkonto" eröffnen, in dem die Papiere kostenlos verwahrt werden. Banken verkaufen die meisten Bundeswertpapiere zwar auch. Bei ihnen kostet das Depot aber oft Gebühren.

1 Den Antrag zur Eröffnung des Schuldbuchkontos und den Kupon für das Postident-Verfahren können Sie telefonisch bestellen unter 0 800/222 55 10 oder ausdrucken unter www.deutsche-finanzagentur.de (Suchwort: „Kontoeröffnung").

2 Im Antrag müssen Sie ein Konto angeben. Wünschen Sie einen Onlinezugang, müssen Sie zusätzlich das Formular „Freischaltung zum Internetbanking BWp-Direkt" ausfüllen. Sie finden es auf der Webseite der Agentur mit den Suchworten: „Aufträge und Formulare".

3 Gehen Sie mit dem Kupon für das Postident-Verfahren, Ihrem Ausweis, dem Kontoeröffnungsantrag sowie mit dem Freistellungsauftrag und dem Formular für das Onlinebanking zur Post. Sie prüft Ihre Identität und schickt die Sachen für Sie kostenfrei nach Frankfurt.

4 Ist Ihr Schuldbuchkonto eröffnet, können Sie Staatspapiere kaufen. Beim Onlinebanking ordern Sie über www.bwp-direkt.de. Ohne Onlinezugang können Sie die Papiere durch eine Überweisung an die Finanzagentur erwerben. Im Verwendungszweck der Überweisung muss stehen: Das Wort „KAUF", die von der Finanzagentur für das Wertpapier vorgesehene Schlüsselnummer (bei der Tagesanleihe etwa die „67"), die Nummer Ihres Schuldbuchkontos (etwa „SBK1234567") und Ihr Nachname. Im Betreff der Überweisung steht dann: „KAUF67SBK1234567 Mustermann". Sie können die Finanzagentur auch ermächtigen, das Geld vom Girokonto einziehen zu lassen. Dafür müssen Sie das Formular „Direkterwerb von Bundeswertpapieren im Lastschriftverfahren" ausdrucken, ausfüllen und einschicken. Nur die Tagesanleihe können Sie nicht per Lastschrift einkaufen.

Kauf

Mindestanlagen

Beachten Sie, dass beim Kauf von Staatspapieren über die Finanzagentur Mindestanlagesummen gelten: 50 Euro bei der Tagesanleihe, 52 Euro bei Bundesschatzbriefen, 500 Euro bei den Finanzierungsschätzen und 110 Euro bei Bundesobligationen.

Wertpapierdepot wechseln

Sie benötigen

- Termin in der Filialbank oder
- Formular zum Depotübertrag von der Homepage der neuen Bank
- Postident-Formular
- Personalausweis
- Neuen Freistellungsauftrag

Die Depot- und Transaktionskosten schmälern die Rendite zu arg? Dann suchen Sie sich ein günstigeres Depot (siehe Kasten), und wechseln Sie.

1 Prüfen Sie Ihren Bedarf. Brauchen Sie viel Hilfe, sind Sie bei einer Filialbank richtig. Handeln Sie per Internet und Telefon und benötigen Sie nur selten Hilfe, dann wählen Sie eine Bank, die alle drei Wege bietet. Sie wissen komplett Bescheid? Dann wählen Sie eine Direktbank.

2 Nun eröffnen Sie bei der Bank Ihrer Wahl ein Depot. Haben Sie eine Filialbank gewählt, ist mit dem Ausfüllen von ein, zwei Formularen vor Ort oft alles getan. Meist kümmert sich die Bank um Übertrag und Schließung des alten Depots. Haben Sie eine Direktbank gewählt, müssen Sie auf deren Internetseite das Eröffnungsformular suchen, ausdrucken und ausfüllen. Sie finden auch einen Postident-Kupon. Mit ihm und dem Formular gehen Sie zur Post. Sie überprüft anhand Ihres Ausweises Ihre Identität und schickt alles weiter zum Kreditinstitut.

3 Ist das neue Depot in Betrieb, übertragen Sie die Papiere aus dem alten Depot, sofern das nicht die Bank erledigt. Bedenken Sie, dass Sie Ihre Papiere eine Zeit lang – mitunter Wochen – nicht handeln können. Wichtig: Wenn Sie ausländische thesaurierende Fonds haben, sollten Sie prüfen, ob Sie kostenlos in die ausschüttende Klasse wechseln können. Geht das nicht, sollten Sie die Anteile verkaufen. Sonst drohen durch den Übertrag später Steuernachteile.

4 Oft können Sie nur ganze Fondsanteile übertragen. Informieren Sie sich, ob Sie sich um den Verkauf von Bruchstücken im alten Depot kümmern müssen. Wie Ihre Bank das handhabt, steht im Formular zum Depotübertrag. Vergessen Sie nicht, das Depot zu schließen. Sonst zahlen Sie unnötige Gebühren.

5 Prüfen Sie die Kosten. Grundsätzlich darf eine Bank für den Übertrag nichts verlangen. Lagert sie aber Papiere bei Verwahrstellen aus, berechnen diese Stellen Kosten, die die Banken an die Kunden weiterreichen können. Das geschieht allerdings meist nur bei ausländischen Wertpapieren. Alle Steuerdaten werden übrigens beim Übertrag automatisch übermittelt. Nur einen Freistellungsauftrag müssen Sie bei der neuen Bank stellen.

Depotanbieter

Viel Sparpotenzial

Wenn Sie nicht wissen, welches Depot für Sie richtig ist, schauen Sie unter www.test.de (Suchbegriff: „Tausende Euro sparen"). Dort finden Sie die besten Anbieter für große und kleine Depots.

Geld spenden
aber richtig

Sie benötigen

- Geld
- Hilfsbereitschaft
- Gesunden Menschenverstand
- Internetzugang – wenn möglich

Sie wollen Geld spenden und sicher sein, dass Sie nicht auf unseriöse Sammler hereinfallen? So treffen Sie eine vernünftige Entscheidung:

1 Wenn Spendensammler an Ihrer Tür Druck machen, das Informationsmaterial sehr mitleiderregend aufgemacht ist oder Sie am Straßenstand dazu gedrängt werden, schnell eine Fördermitgliedschaft zu unterschreiben, deutet das auf mangelnde Seriosität hin. Nutzen Sie also Ihren gesunden Menschenverstand. Wenn Ihnen Spendenwerber keine Zeit lassen oder auf die Tränendrüse drücken, sollten sie von Ihnen kein Geld bekommen.

2 Sie haben eine Spendeneinrichtung ins Auge gefasst? Dann fühlen Sie ihr ruhig auf den Zahn. Ein gutes Zeichen ist es, wenn sie vom Finanzamt als gemeinnützig anerkannt ist, also steuerlich begünstigt wird. Ein weiteres Indiz für Seriosität ist Auskunftsfreude. Wenn Sie eine größere Summe spenden wollen, fordern Sie ruhig den Jahresbericht an. Gut ist es, wenn daraus hervorgeht, wie viel die Organisation vom Spendengeld für Werbung und Verwaltung ausgibt. Sind die Zahlen nebulös, sollten Sie weitersuchen.

3 Schauen Sie, wie das Deutsche Zentralinstitut für soziale Fragen (dzi) Spendenorganisationen bewertet. Im Internet unter www.dzi.de finden Sie eine Liste von mehr als 250 Organisationen, deren Werbemethoden und Jahresrechnung das dzi geprüft und für die sie ein Spendensiegel vergeben hat. Die Liste können Sie auch telefonisch unter 030/8390010 bestellen. Das dzi hält es für „angemessen", wenn 10 bis 20 Prozent der Spenden für Werbung und Verwaltung verwendet werden. Werte darunter sind „niedrig", 20 bis 35 Prozent sind noch „vertretbar".

4 Hat Ihre Wunscheinrichtung kein Spendensiegel, ist sie nicht unbedingt unseriös. Viele kleinere Einrichtungen beantragen das Siegel nicht, weil das mit Kosten verbunden ist. Das dzi hält aber auch über viele dieser Organisationen Informationen bereit. Für Anfragen sollten Sie sich nach Möglichkeit den Vordruck auf www.dzi.de ausdrucken, darin maximal drei Organisationen eintragen und an das dzi senden (Bernadottestr. 94, 14195 Berlin). Fundierte Informationen und Warnungen bietet auch der Internetdienst www.charitywatch.de.

Steuer

Spenden absetzen

Spenden bis zur Höhe von 20 Prozent Ihres Einkommens können Sie steuerlich absetzen, wenn die Spenden-Einrichtung gemeinnützig ist. Bei Beträgen bis zu 200 Euro reicht ein Einzahlungsbeleg, bei höheren brauchen Sie eine Spendenbescheinigung.

Internet + Ko

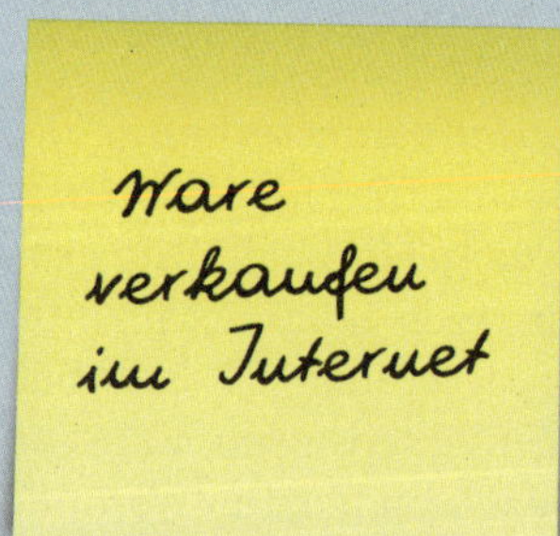

Smartphone sicher machen

mmunikation

Internet-zugang sicher machen

Internet-Abzocke abwehren

Internetzugang sicher machen

Sie benötigen

- Eine halbe Stunde Zeit
- Nach Möglichkeit ein Netzwerkkabel, gehört meist zum Zubehör Ihres W-Lan-Routers

Eine drahtlose Verbindung zum Internet mittels W-Lan ist bequem. Sie müssen sie aber sichern. Wenn Fremde Ihren Internetzugang für Verbotenes nutzen, droht Ihnen Ärger.

1 Verbinden Sie Ihren Rechner mit dem Router, dem kleinen Extragerät, das ans Telefonnetz angeschlossen ist. Nutzen Sie am besten das Netzwerkkabel aus dem Router-Zubehör. Sie können zwar auch kabellos auf den Router zugreifen. Doch dann wirken die Änderungen, die Sie im Folgenden vornehmen, sofort. Wenn Sie unbedacht die Zugriffsrechte ändern, könnten Sie sich also aussperren.

2 Greifen Sie auf den Router zu, indem Sie in die Adresszeile Ihres Internetprogramms statt einer Internetadresse die IP-Adresse des Routers oder dessen Namen eingeben. Diese Daten finden Sie im Router-Handbuch. Mitunter stehen sie auch auf dem Gerät. Nun öffnet sich ein Fenster, in dem Sie den Router einstellen können. Haben Sie noch kein Passwort für den Router vergeben, sollten Sie das als Erstes tun und es sich notieren. Voreingestellt ist meist ein Passwort wie „0000". Schauen Sie sich im Router-Menü um. Wenn Sie dort sehen, dass die Möglichkeit der Fernkonfiguration aktiviert ist, schalten Sie sie ab.

3 Neben dem Router müssen Sie das Funknetzwerk selbst sichern. Prüfen Sie im geöffneten Menü, welcher Verschlüsselungsstandard eingestellt ist. Aktuell und sicher ist „wpa2". Aktivieren Sie die Funktion, wenn sie nicht eingestellt ist. Bedenken Sie: Manche alte Rechner können wpa2 nicht erkennen.

4 Wenn Sie die Verschlüsselung ändern, müssen Sie sich für den Zugang ins Funknetz ein neues Passwort ausdenken, zusätzlich zu dem Passwort für das Router-Gerät. Meist steht schon ein Passwort auf dem Router-Gehäuse. Sie können es ruhig verwenden. Nun ist Ihr W-Lan solide gegen den Zugriff Dritter geschützt. Nicht aktivieren sollten Sie die Option „ssid verbergen". Tun Sie es, ist Ihr Netzwerk zwar unsichtbar. Doch Ihr Rechner sendet dann die geheime ssid vor jeder Verbindungsaufnahme selbstständig aus. Mit Schnüffelprogrammen können diese Rufe des Rechners nach dem Router abgefangen werden. Besonders mobile Rechner sind dann gefährdet.

Buchtipp

Schritt für Schritt

Ihr Computer ist noch Neuland für Sie? Dann ist das Buch „Schritt für Schritt ins Internet" der Stiftung Warentest genau das richtige für Sie. Es kostet 14,90 Euro und ist im Buchhandel oder im Onlineshop unter www.test.de erhältlich.

Facebook sicher machen

Sie benötigen

- Computer
- Internet

Sie machen bei Facebook mit? Dann nutzen Sie die neuen Funktionen, die das soziale Netzwerk zum Schutz der Privatsphäre eingebaut hat.

1 Bestimmen Sie, wer Ihre Angaben wie Wohnort, E-Mail-Adresse oder eingestellte Bilder sehen darf. Klicken Sie links oben neben Ihrem Bild auf das Feld „Mein Profil bearbeiten" und gehen Sie die Liste durch, die am linken Bildrand erscheint. Sie finden an jeder Rubrik einen Einstellknopf. Darüber können Sie definieren, ob jedermann oder nur Freunde Angaben sehen dürfen – oder nur Sie. Entscheiden Sie sich im Zweifel für die privatere Variante. Die

Ansicht Ihrer E-Mail-Adresse etwa sollten Sie auf „Nur ich" setzen. Wichtig: Wenn Sie die Variante „öffentlich" wählen, sind Ihre Angaben für jeden im Netz zu sehen.

2 Wenn Sie einen neuen Beitrag schreiben oder ein Foto oder einen Link einstellen, erscheint links neben dem Button „Posten" ein weiteres Feld. Durch einen Klick darauf können Sie bestimmen, ob der Beitrag öffentlich oder nur für Freunde sichtbar ist. Facebook hat angekündigt, dass über diese Funktion bald auch Inhalte nur mit ausgewählten Freunden geteilt werden können. Dann müssen Sie aber zunächst Freundeslisten erstellen, also etwa Listen wie „echte Freunde", „Kollegen" oder „Sportverein". Das Einrichten funktioniert bereits jetzt, wenn Sie auf „Konto" und dann auf „Freunde bearbeiten" klicken.

3 Sie können jedem Ihrer Beiträge Ihren aktuellen Aufenthaltsort hinzufügen. Dafür finden Sie unter dem Textfeld ein Symbol, ähnlich einem umgedrehten Wassertropfen. Nutzen Sie diese Funktion mit Bedacht – auch „Facebook-Freunde" müssen nicht unbedingt wissen, wo Sie gerade sind.

4 Jeder bei Facebook kann Fotos hochladen und Personen darauf mit Namen markieren. Sie können in den Privatsphäre-Einstellungen (Klick auf „Konto", dann auf „Privatsphäre", dann auf „Markierungen überprüfen") einstellen, dass Sie vor der Markierung eines Bildes mit Ihrem Namen um Erlaubnis gefragt werden. Aktivieren Sie diese Funktion. Dass das Foto auf der Pinnwand des Fotografen bleibt, können Sie technisch nicht verhindern.

Einstellungen

Ständig prüfen

Mit unserer Anleitung können Sie Ihre Facebook-Seite vernünftig einstellen. Schauen Sie anschließend trotzdem regelmäßig in die Privatsphäre-Einstellungen. Facebook schafft häufig neue Funktionen, ohne die Nutzer darüber ausreichend zu informieren.

Internet-Abzocke abwehren

Sie benötigen

- Widerspruch (Formular unter www.vorsicht-im-netz.de)
- Ausdrucke der Abzockseiten
- Ein dickes Fell

Webseiten wie www.opendownload.de oder www.outlets.de locken Verbraucher mit vermeintlich kostenloser Software oder Informationen. Tatsächlich gibt es die Programme und Infos überall kostenlos – nur die Abzocker verlangen dafür Geld. Den Hinweis auf die Kosten verstecken sie auf ihren Seiten. Melden sich Verbraucher mit Ihren Daten dort an, geht der Ärger los: Der Seitenbetreiber verlangt per E-Mail Geld, meist Beträge zwischen 50 und 100 Euro.

1 Zahlen Sie nicht, wenn Ihnen eine solche Aufforderung ins E-Mail-Postfach flattert. In der Regel sind die Kostenhinweise auf den Abzockseiten viel zu unauffällig. Dann haben Sie keinen kostenpflichtigen Vertrag abgeschlossen. Außerdem sind die vorgeschriebenen Infos über das zweiwöchige Widerrufsrecht bei Internetgeschäften häufig nicht korrekt. Drucken Sie die Allgemeinen Geschäftsbedingungen des Betreibers aus sowie die Seite, auf der Sie sich angemeldet haben. Das kann zu Beweiszwecken wichtig sein. Heben Sie die E-Mails des Anbieters auf.

2 Widersprechen Sie schriftlich. Nutzen Sie das Formular von der Internetseite www.vorsicht-im-netz.de (Link „Download"). Sie können per Fax, per E-Mail oder per Brief widersprechen. Am besten ist es, wenn Sie den Widerspruch per Einschreiben mit Rückschein schicken. Ist Ihr minderjähriges Kind Opfer, sollten Sie dem Anbieter mitteilen, dass der Vertrag wegen Minderjährigkeit unwirksam ist und Sie ihn nicht genehmigen. Auch dafür gibt es einen Musterbrief

3 Nun wird Ihnen der Betreiber der Seite, sein Anwalt oder eine Inkassofirma Mahnungen schicken. Die sollten Sie ignorieren.

4 Achten Sie aber auf Ihre Post. Kommt ein Mahnbescheid vom Gericht, müssen Sie innerhalb von zwei Wochen widersprechen. Dem Bescheid liegt ein Vordruck dafür bei. Den Mahnbescheid hat der Abzockdienst bei Gericht beantragt. Aber keine Bange: Das Gericht hat noch nicht entschieden, dass Sie zahlen müssen. Nach dem Widerspruch liegt es beim Seitenbetreiber, ob es zu einer Klage kommt. Wenn ja, sollten Sie sich einen Anwalt nehmen. Meist kommt es aber weder zum Mahnbescheid noch zur Klage. Die Abzocker geben vorher auf.

Schutz-Programme

So beugen Sie vor

Vor bekannten Abzockseiten können Sie sich schützen, indem Sie das Gratis-Programm „Abzock-Schutz" auf Ihrem PC installieren (Link: http://sicherheitscenter.computerbild.de). Die Software warnt Sie, wenn Sie solche Seiten aufrufen.

Ware im Internet verkaufen

Sie benötigen

- Zeit, um die eigene Ware zu begutachten
- Digitalkamera
- Versandmaterial
- Bei teuren Waren einen Zeugen

Die Puppensammlung, das alte Mofa, die Fußballschuhe – für gebrauchte Ware findet sich auf Verkaufsplattformen wie ebay, Ricardo oder Amazon fast immer ein Käufer. So gehen Sie vor, wenn Sie Ware anbieten.

1 Beschreiben Sie Ihre Ware genau und machen Sie aussagekräftige Fotos. Verschweigen Sie keine Mängel wie Funktionsfehler oder Kratzer, auch wenn sie bei Ware eines bestimmten Alters üblich sind.

2 Prüfen Sie, ob Sie bereits als gewerblicher Verkäufer gelten. Als Verkaufsprofi müssten Sie Ihrem Käufer nämlich zusätzliche Reklamations- und Rückgaberechte einräumen. In der Regel handeln Sie gewerblich, wenn Sie häufig gleichartige Ware oder Dinge verkaufen, die sie nur für den Weiterverkauf angeschafft haben. Orientieren Sie sich nicht nur daran, wie oft Sie schon etwas verkauft haben. Gerichte beurteilen dieses Kriterium unterschiedlich. So ist das Landgericht Frankfurt bereits von einer Gewerblichkeit ausgegangen, nachdem ein ebay-Mitglied zehn neue Bekleidungsstücke verkauft hatte (Az. 2/03 O 192/07).

3 Wenn Sie tatsächlich als Verkaufsamateur handeln, dürfen Sie die Haftung für Mängel ausschließen, die Ihnen nicht bewusst sind. Wie Sie das tun, hängt davon ab, ob Sie nur einmal etwas verkaufen oder mehrmals. Beim einmaligen Angebot reicht der Hinweis: „Verkauf unter Ausschluss der Gewährleistung." Verkaufen Sie öfter, gelten Ihre Haftungshinweise als allgemeine Geschäftsbedingungen. Dann sollten Sie zusätzlich schreiben: „Der Ausschluss gilt nicht für Schadenersatzansprüche aus grob fahrlässiger oder vorsätzlicher Verletzung von Pflichten des Verkäufers sowie für jede Verletzung von Leben, Körper und Gesundheit." Fehlt die Ergänzung, ist der Ausschluss unwirksam und Sie haften zwei Jahre lang für Mängel, die Sie nicht benannt haben. Achtung: Ein Ausschluss nützt Ihnen nie etwas, wenn Sie Fehler arglistig verschweigen und der Kunde es beweist.

4 Verpacken Sie die Ware gut. Es ist zwar nicht Ihr Problem, wenn sie bei der Post verlorengeht. Doch für Schäden wegen schlampiger Verpackung haften Sie. Bei teurer Ware sollten Sie die Übergabe an den Transporteur mit Zeugen erledigen.

Haftungsausschluss

Nicht abpinseln

Übernehmen Sie keine Haftungshinweise, die Sie bei anderen Verkäufern lesen. Oft findet sich immer noch der Hinweis auf „neues EU-Recht", das einem Privatmann die Übernahme der Haftung verbiete. Das ist Quatsch. Solch eine EU-Regelung gibt es nicht.

Korrekte Passwörter ausdenken

Sie benötigen

- Merksatz
- Phantasie
- Sicherheitssoftware

Im Schnitt muss sich ein Internetnutzer 15 Passwörter merken, damit das Online-Banking, das Abrufen der E-Mails oder der Einkauf klappt. Um da den Überblick nicht zu verlieren und sicher unterwegs zu sein, sollten Sie mit ein paar Tricks arbeiten.

1 Prägen Sie sich die Grundregel für ein sicheres Passwort ein. Es sollte – wenn möglich – aus mindestens acht Zeichen, aus Klein- und Großbuchstaben sowie Ziffern bestehen. Das Passwort darf keinen Bezug zu Ihren eigenen Daten wie dem Geburtsdatum haben, sollte keine vollständigen Wörter enthalten und Sie sollten es von Zeit zu Zeit ändern.

2 Denken Sie sich mithilfe eines Merksatzes ein Basispasswort aus. Anfangsbuchstaben und Satzzeichen ergeben das Passwort. Der Satz „Dreimal schwarzer Kater!“ zum Beispiel ergibt „3msK!“.

3 Sie sollten für alle Zugänge ein anderes Passwort verwenden. Erweitern Sie dafür Ihr Grundpasswort, etwa mit Buchstaben aus dem Nutzeraccount oder einer sich ständig ändernden Zahl. Das Passwort „3msK!“ könnte für den Facebook-Zugang „3msK!+Fb“ heißen. Sie können Passwörter auch mit besonderen Zeichen versehen. Mit der „Alt“-Taste und den Zahlen 0–1–7–4 vom Zahlenblock erzeugen Sie das Zeichen ®. Mit 0–1–6–4 das Zeichen ¤. Allerdings lassen nicht alle Anbieter solche Zeichen in Kennwörtern zu.

4 Zugeteilte Passwörter wie die Pin zur Bankkarte bestehen oft nur aus Zahlen. Sie können sich solche Ziffernfolgen leichter merken, wenn Sie jeder Zahl ein Symbol zuordnen: 1 = Tanne, 2 = Schwan, 5 = Hand und 8 = Schneemann. Für die richtige Reihenfolge denken Sie sich dann eine kleine Geschichte aus. Andere Möglichkeit: Sie prägen sich das Bewegungsmuster beim Eingeben der Zahlen auf der Tastatur ein. Echte Mathefans überführen die Zahlen in eine Formel (1+2+5=8).

5 Bewahren Sie das Passwort am besten nur in Ihrem Kopf auf. Wenn Sie es doch notieren wollen, bewahren Sie weit weg vom Rechner auf. Kleben Sie es nicht als Post-it an den Bildschirm. Sie sollten es auch nicht unverschlüsselt als Word-Datei auf der Festplatte speichern.

Schadprogramme

Schutz vor Viren

Passwörter nützen nichts, wenn Ihr Rechner mit Schnüffelprogrammen verseucht ist. Virenscanner, Firewall und Betriebssystem müssen aktuell sein. Welche Software hilft, steht unter www.test.de (Suchwort: „Sicherheitssoftware“). „Gut“ getesteten Schutz gibt es kostenlos unter www.free-av.de.

Smartphone sicher machen

Sie benötigen

- Computer
- Fernsteuerungs-Programm (App)
- Im Verlustfall: Ihre Kundendaten und die Nummer der Hotline des Netzbetreibers

Das Smartphone ist weg? Das bedeutet Ärger. Meist enthält so ein Gerät Zugangsdaten für E-Mail-Dienste, soziale Netzwerke und Funknetze. Oft sind darin auch Zugangsdaten für das Bankkonto gespeichert. Treffen Sie also Vorsorge für den Verlustfall.

1 Ermitteln Sie die IMEI-Nummer Ihres Geräts, indem Sie „Stern-Raute-Null-Sechs-Raute" auf der Tastatur eingeben. Mit der IMEI kann die Polizei Ihr Gerät identifizieren, wenn sie es finden sollte.

2 Aktivieren Sie die Zugriffs-Sperre. Dann funktioniert das Gerät nur, wenn Sie ein Passwort oder eine Zahlenfolge eingeben. Wie die Sperre aktiviert wird, steht in der Betriebsanleitung. Keine Sorge: Anrufe können auch ohne Pin-Eingabe angenommen werden. Zusätzlich können Sie einstellen, dass eine von Ihnen bestimmte Pin eingegeben werden muss, wenn eine neue Sim-Karte ins Gerät eingelegt wird. So verderben Sie dem Dieb den Spaß.

3 Übertragen Sie regelmäßig Daten wie E-Mails, Adressen, Nummern oder auch Bilder auf Ihren Rechner. Sonst sind auch sie weg, wenn das Gerät verschwindet. Programme zur Übertragung Ihrer Daten gibt es meist zum Gerät dazu. Eigentümer eines iPhones von Apple etwa nutzen „iTunes". Das Programm speichert auch Apps, die Sie auf das Telefon geladen haben.

4 Informieren Sie sich, ob es für Ihren Gerätetyp ein Programm gibt, mit dem Sie es nach dem Verlust mittels GPS lokalisieren können. Haben Sie ein iPhone 4, können Sie die kostenlose App „Finde mein iPhone" nutzen. Ähnliche Programme für Android-Geräte heißen WaveGuard, WaveSecure oder SeekDroid. Je nach Programm können Sie aus der Ferne die Daten auf dem Telefon löschen oder Nachrichten an den Finder schicken und zum Beispiel ein Finderlohn-Versprechen auf dem Display erscheinen lassen.

5 Verzichten Sie auf die Speicherung Ihres Passworts für das Onlinebanking, wenn Sie mithilfe eines Zusatzprogramms (App) auf dem Gerät Bankgeschäfte erledigen.

Geräteverlust

Im Fall des Falles

Das Handy ist weg? Dann rufen Sie es an. Vielleicht erreichen Sie einen ehrlichen Finder. Nutzen Sie installierte Fernsteuerungssoftware und lassen Sie Ihre Sim-Karte sperren. Dafür müssen Sie die Nummer Ihres Netzbetreibers parat haben. Prüfen Sie Ihren Versicherungsschutz: Wurde das Gerät aus der Wohnung oder auf der Straße mit Gewalt gestohlen, zahlt die Hausratversicherung.

Handynummer mitnehmen

Sie benötigen

- Einen neuen Mobilfunkvertrag
- Ihre alte Handynummer
- Bis zu 30 Euro für die Bearbeitungsgebühr
- Eventuell: Bestätigung der Kündigung Ihres alten Vertrags

Wer den Mobilfunkanbieter wechseln will, hat einen Rechtsanspruch darauf, seine alte Nummer mit Vorwahl zum Neuanbieter zu übertragen. Diese Rufnummernportierung können auch Kunden mit Guthabenverträgen (Prepaid-Verträgen) in Auftrag geben.

1 Kündigen Sie Ihren alten Telefonvertrag fristgerecht. Wann die Kündigung beim Anbieter sein muss, steht in Ihrem Vertrag.

2 Kümmern Sie sich dann um die Rufnummernmitnahme. Einen entsprechenden Antrag können Sie frühestens vier Monate vor dem Ende Ihres alten Vertrags stellen, spätestens jedoch 31 Tage nach Vertragsende. Versäumen Sie die Frist, ist Ihre alte Rufnummer möglicherweise futsch. Im Vertragsformular des neuen Anbieters gibt es eine Passage zur Nummernmitnahme. Darin beauftragen Sie den neuen Anbieter, Ihre Nummer beim alten Mobilfunkunternehmen einzuziehen. Wenn Sie auch andere Dienste wie Fax mit dem Handy weiter nutzen wollen, müssen Sie die Daten hierzu ebenfalls angeben. Manche Anbieter möchten die Bestätigung der Kündigung des alten Vertrags sehen.

3 Wenn Sie einen Prepaid-Vertrag abgeschlossen haben, dann klappt die Nummernmitnahme nur, wenn Name, Geburtsdatum und Telefonnummer im Neu- und im Altvertrag exakt übereinstimmen. Sollten Sie ein Prepaidhandy geschenkt bekommen haben, sind Ihre Kundendaten beim Altanbieter möglicherweise gar nicht registriert. Sie müssen sich in diesem Fall darum kümmern, dass die Karte umgeschrieben wird. Wenn Sie dann das Prepaid-Telefon des alten Anbieters weiter nutzen wollen, müssen Sie die „Sim-Lock" des Telefons entsperren lassen. Darum kümmert sich der alte Anbieter.

4 Ihr alter Anbieter darf Ihnen für die Mitnahme der Rufnummer Kosten in Rechnung stellen. Normalerweise belaufen sie sich auf etwa 30 Euro. Nutzer von Prepaid-Karten sollten darauf achten, dass genug Guthaben auf der Karte ist. Die Mitnahmegebühr bucht der alte Anbieter vom Guthaben ab.

Hitlisten

Die besten Tarife

Mit einem Anbieterwechsel können Sie viel Geld sparen. Günstige Tarife finden Sie leicht mit unseren ständig aktualisierten Tarif-Hitlisten. Sie finden die Preisübersichten unter www.test.de/handytarif (Kosten: 3 Euro). Sie helfen Ihnen ganz individuell, je nach dem ob Sie zum Beispiel Wenigtelefonierer, SMS-Fan oder Quasselstrippe sind.

Wichtige Dokumente korrekt versenden

Sie benötigen

- Brief, E-Mail oder Fax
- Gegebenenfalls Geld für Porto und Einschreiben

Die Worte sind oft schnell gefunden, wenn ein Vertrag gekündigt oder der Entscheidung einer Behörde widersprochen werden soll. Doch wie verschickt man wichtige Schreiben so, dass es später keinen Ärger gibt?

1 Prüfen Sie, ob für Ihr Anliegen Formvorschriften gelten. Oft genügt den gesetzlichen Anforderungen die „Textform", also etwa ein Fax oder eine E-Mail. So ist das zum Beispiel beim Widerruf einer Internet-Bestellung (siehe Seite 8). Für manche Erklärungen ist dagegen die „Schriftform" – also ein echtes Schreiben – nötig, etwa wenn der Miet- oder Arbeitsvertrag gekündigt wird.

Schauen Sie ins Kleingedruckte, wenn es etwa um die Kündigung eines Fitness-Abos geht. Mitunter stehen dort Bestimmungen zur Form.

2 Es drängt keine Frist? Dann können Sie einen Brief oder – wenn es den Formvorschriften genügt – eine E-Mail schreiben und um Bestätigung bitten. Ohne Bestätigung sind Sie nicht auf der sicheren Seite. Bleibt die Bestätigung aus, sollten Sie reagieren, etwa mit einem Einschreiben.

3 Beim „Einschreiben mit Rückschein“ bekommen Sie einen Nachweis, wann Ihr Schreiben den Empfänger erreicht hat. Bei eiligen Sachen ist es aber riskant. Nimmt der Adressat es nicht an, lagert es eine Woche auf der Post und kommt dann zurück. Fristen können verstreichen.

4 Die Zeit drängt? Dann sollten Sie das „Einwurfeinschreiben“ wählen. Hier dokumentiert der Bote den Einwurf und in der Regel ist alles geritzt. Pferdefuß: Gelegentlich werten Gerichte die postinterne Zustellnotiz nicht als Beweis. Das kommt aber nicht so häufig vor. Ähnlich ist es beim Fax mit Sendeprotokoll. Vielen Gerichten genügt das als Beweis.

5 Wenn gar nichts schiefgehen darf, sollten Sie einen Gerichtsvollzieher beauftragen. Das kostet meist nur etwa 10 Euro. Beim nächsten Amtsgericht erfahren Sie, welcher Gerichtsvollzieher zuständig ist. Ihm müssen Sie das Schreiben schicken, dann stellt er es zu. In jedem Fall erhalten Sie einen amtlichen Beleg über den Zugang und den Inhalt des Schreibens. Sicherer geht es nicht. Das Verfahren braucht aber einige Tage Zeit.

Elektronische Post

E-Mail ist unsicher

Eine E-Mail ist bequem. Einen gerichtsfesten Beweis über die Versendung eines Schreibens schaffen Sie damit aber nicht. Wenn es nicht anders geht, lassen Sie nach der E-Mail einen Zeugen anrufen, der sich vom Empfänger deren Eingang bestätigen lässt.

Postident-Verfahren nutzen

Sie benötigen

- Ausweis oder Reisepass
- Eine Filiale der Deutschen Post

Für Einkäufe aus der Ferne per Internet, Telefon oder Post reicht es meist völlig, wenn Kunden Name und Anschrift angeben. Sie bestellen und bezahlen dann per Überweisung, Lastschrift oder mit Kreditkarte. Manchmal hilft allerdings nur das Postident-Verfahren.

Bei manchen Geschäften müssen die Firmen Identität oder Alter ihrer Kunden zweifelsfrei feststellen – etwa, wenn eine Bank ein Konto eröffnen, einen Onlinekredit vergeben oder ein Videoversand Filme ohne Altersfreigabe verschicken soll. Dann kommt das Postident-Verfahren der Deutschen Post zum Einsatz.

1 Der Anbieter macht Sie darauf aufmerksam, wenn das Postident-Verfahren notwendig wird. Er wird Sie auffordern, dafür ein Formular von seiner Internetseite herunterzuladen und auszudrucken. Manche Firmen schicken es Ihnen auch mit der Post zu. Oft sind die Felder dann schon mit Ihren Angaben ausgefüllt. Dritte, eher selten genutzte Möglichkeit: Die Firma beauftragt die Deutsche Post, einen Zusteller zu Ihnen nach Hause zu schicken. Der Zusteller hat das Postident-Formular dabei und erledigt alles mit Ihnen.

2 Im Normalfall haben Sie das Formular selbst besorgt oder angefordert. Sie füllen es aus und legen es in einer Post-Filiale mit Ihrem Ausweis oder Pass vor. So kann der Mitarbeiter Ihre Identität oder Ihr Alter feststellen und die Daten eintragen. Prüfen Sie die Angaben, bevor Sie unterschreiben. Anschließend schickt die Post das Formular zum Anbieter. Das Verfahren ist risikolos.

3 Nur wenn eine Firma das „Postident Special"-Verfahren einsetzt, sollten Sie genau hinschauen. Dann kommt ein Zusteller vorbei und bringt die Vertragsunterlagen zur Unterschrift mit. Wenn Sie zuvor nichts bestellt oder sich bei keinem Dienst angemeldet haben, sollten Sie auf keinen Fall etwas unterschreiben.

4 Für das Postident-Verfahren verlangt die Post Gebühren. Ihre Höhe hängt davon ab, wie häufig ein Anbieter das Verfahren einsetzt, meist sind es etwa 5 Euro. Viele Firmen übernehmen die Kosten, um Ihnen den Vertragsschluss schmackhaft zu machen. Andere berechnen Ihnen diese Kosten im Anschluss an das Verfahren.

Postident-Verfahren

Beliebt bei Banken

Das Postident-Verfahren wird häufig von Direktbanken eingesetzt, wenn Kunden ein Konto, einen Kredit oder eine Kreditkarte haben möchten. Auch andere Branchen nutzen das Verfahren. So ist es zum Beispiel bei ebay für die Anmeldung vorgeschrieben.

Auto-
versicherung
wechseln
Eigenbedarf
anmelden
Putzfrau
legalisieren
Miete
mindern

Strom-
anbieter
wechseln

Wohnung + Auto

Mietneben-
kosten
überprüfen

Wohnung kündigen

Sie benötigen

- Kalender
- Postamt oder einen Boten
- Möglicherweise einen Termin beim Mieterverein oder Anwalt
- Zeugen

Bevor der Möbelwagen anrollt, müssen Sie das alte Mietverhältnis so reibungslos wie möglich beenden.

1 Für Ihre Kündigung gilt eine Dreimonatsfrist, auch wenn sich aus Ihrem Vertrag eine längere Frist ergibt. Nur wenn der Vermieter eine längere Frist damals mit Ihnen individuell ausgehandelt hat, gilt diese – eine seltene Ausnahme. Ihre Kündigung muss bis zum dritten Werktag eines Monats beim Vermieter sein, dann endet Ihr Mietverhältnis mit dem Ende des übernächsten Monats: Geht Ihre Kündigung am Dienstag, den 3. Januar 2012 ein, endet der Vertrag am 31. März 2012.

2 Kündigen Sie schriftlich. Stehen mehrere Mieter im Vertrag, müssen alle unterschreiben. Den Zugang der Kündigung müssen Sie beweisen können. Werfen Sie sie beim Vermieter mit einem Zeugen ein, der das Schreiben gelesen hat, oder schicken Sie ein Einschreiben. Da es zurückkommt, wenn der Zusteller den Empfänger nicht antrifft und dieser es nicht bei der Post abholt, sollten Sie das Einwurf-Einschreiben wählen, wenn es eilt.

3 Holen Sie Rechtsrat ein, bevor Sie renovieren. In vielen Verträgen ist die Renovierungspflicht des Mieters viel zu strikt geregelt und deshalb ungültig. Dann müssen Sie gar nicht malern. Das ist etwa der Fall, wenn Sie bedingungslos in bestimmten Fristen renovieren müssen. So eine Renovierungspflicht ist nur okay, wenn mit Formulierungen wie „in der Regel" berücksichtigt wird, dass sie sich am tatsächlichen Wohnungszustand orientieren muss. Eine erste Beratung beim Anwalt ist nicht so teuer. Sie dürfen den Preis auch aushandeln. Die Beratung darf aber maximal 190 Euro plus Mehrwertsteuer und Auslagen kosten.

4 Kommen Sie zur Wohnungsübergabe mit Zeugen und lassen Sie sich vom Vermieter bestätigen, dass alles okay ist. Mit der Rückzahlung der Kaution kann er sich mehrere Monate, in Einzelfällen sogar ein Jahr lang Zeit lassen. Wenn Sie die letzten Mietzahlungen einbehalten, um die Kaution „abzuwohnen", riskieren Sie einen teuren Prozess.

Zeitmietvertrag

Lange Bindung

Wenn Sie nach dem 1. September 2001 einen Zeitmietvertrag geschlossen haben und der Vermieter Ihnen keinen triftigen Grund für die Befristung genannt hat, können Sie vorzeitig mit der Dreimonatsfrist kündigen. Haben Sie einen Vertrag, in dem beide Seiten für eine bestimmte Zeit auf die Kündigung verzichten, müssen Sie sich daran halten. Ein Kündigungsausschluss für mehr als vier Jahre ist aber ungültig. Es gilt dann die Dreimonatsfrist.

Mietkaution anlegen

Sie benötigen

- Geldbetrag in Höhe von drei Kaltmieten (Miete ohne die monatlichen Vorauszahlungen für die Betriebskosten)
- Kautionskonto des Mieters oder Kautionskonto des Vermieters

Bei der Anlage der Mietkaution ist derzeit kaum mehr als ein Prozent Zinsen drin. Bei der Anlage der Kaution gilt es Folgendes zu beachten:

1 Schauen Sie im Mietvertrag nach, ob und wie viel Kaution Sie zahlen müssen. Maximal drei Kaltmieten sind zulässig. Verlangen Sie eine Quittung, wenn der Vermieter die Kaution in bar haben möchte. Sie dürfen den Betrag in drei Raten zahlen. Die erste Rate wird mit Übergabe der Schlüssel fällig, die anderen beiden jeweils mit der Miete. Der Vermieter muss die Kaution zu Sparbuchkonditionen getrennt von seinem privaten Vermögen anlegen.

2 Haben Sie Zweifel, ob der Vermieter Ihr Geld korrekt anlegt, können Sie einen Nachweis darüber verlangen. Das private Giro-, Spar- oder Tagesgeldkonto des Vermieters ist keine geeignete Anlageform. Denn geht der Vermieter pleite, haben Gläubiger Zugriff auf Ihre Kaution. Das Geld muss auf ein „Treuhandkonto" und einen Vermerk wie etwa „Sonderkonto Kaution" tragen.

3 Mit dem Okay des Vermieters können Sie die Kaution auch auf ein eigenes Konto einzahlen. Die gut verzinsten Tagesgeldkonten dürfen meist nicht als Kautionskonto geführt werden, aber viele Volksbanken und Sparkassen bieten ein Kautionskonto an. Das Guthaben müssen Sie dem Vermieter per Bankformular verpfänden. Ein Sparbuch zum Konto müssen Sie ihm geben. Wenn Sie einen Freistellungsauftrag stellen, können Sie den Abzug von Abgeltungsteuer verhindern. Liegt das Geld auf einem Treuhandkonto des Vermieters, fallen Steuern an. Der Vermieter erhält eine Steuerbescheinigung. Damit können Sie sich die einbehaltenen Zinsen über Ihre Steuererklärung zurückholen.

4 Eine Alternative zum Kautionskonto ist die „Tagesanleihe". Sie eröffnen dafür ein Schuldbuchkonto (siehe Seite 46) und kaufen in Höhe der Kaution die Tagesanleihe. Dann ermächtigen Sie den Vermieter, den Betrag bei Bedarf einzuziehen. Im Juli 2011 schwankte die Verzinsung der Anleihe zwischen 0,66 und 1,44 Prozent. Aber anders als bei den Konten der Banken steigt der Zins der Tagesanleihe automatisch, sobald der Marktzins steigt.

Kautionsversicherung

Wenig ratsam

Momentan wird die „Kautionsbürgschaft", „Monefix" oder die „Mietbürgschaft" als Kautionsalternative stark beworben. Der Mieter bezahlt einen Versicherer dafür, dass er dem Vermieter in Kautionshöhe als Bürge zur Verfügung steht. Der Mieter muss zum Einzug zwar keine drei Mieten aufbringen, zahlt an den Versicherer aber jedes Jahr rund 100 Euro.

Einzugsprotokoll korrekt anfertigen

Sie benötigen

- Digitalkamera
- Zettel und Stift
- Formular für Wohnungsübergabeprotokoll
- Zeugen als Begleitung

Beim Einzug in eine Wohnung ist es wichtig, den Zustand der Zimmer in einem Protokoll detailliert festzuhalten. Für alle protokollierten Mängel kann der Mieter später nicht mehr verantwortlich gemacht werden. Werden Mängel nicht ins Protokoll aufgenommen, aber später vom Vermieter moniert, gilt die Vermutung, dass der Mieter sie verursacht hat.

1 Nehmen Sie zur Wohnungsübergabe einen Protokollvordruck mit. So sind Sie gerüstet, falls der Vermieter kein eigenes Formular dabeihat. Ein kostenfreies Muster finden Sie unter www.mieterbund.de (Link „Service", dann „Download"). Im

Notfall können Sie den Zustand der Wohnung aber auch einfach auf einem leeren Blatt Papier festhalten. Es ist immer hilfreich, wenn Sie einen Zeugen bei der Übergabe dabeihaben. Am besten sind Personen, mit denen sie nicht verwandt oder befreundet sind, etwa ein Nachbar oder ein Anwalt. Schließlich sollten Sie eine Digitalkamera mitnehmen.

2 Gehen Sie Raum für Raum durch und notieren Sie alles, was Ihnen mangelhaft erscheint. Auch die Zählerstände von Wasser, Strom und Gas gehören ins Protokoll. Machen Sie von Schäden Fotos. Seien Sie besser pingelig. Schreiben Sie also nicht „Mängel im Bad", sondern möglichst präzise „zwanzig Bohrlöcher in den Fliesen der rechten Wand". Notieren Sie auch, wenn der Vormieter beim Auszug schlecht tapeziert hat oder beim Malern Türklinken und Heizung übermalt hat.

3 Weigert sich der Vermieter, das Protokoll zu unterschreiben, sollten Sie es allein verfassen, die Fotos beilegen und den Zeugen unterschreiben lassen. Das Protokoll kann im Streitfall dennoch helfen.

4 Wenn Sie möchten, dass entdeckte Mängel beseitigt werden, sollte ins Protokoll, wann der Vermieter die Schäden behebt. Denn halten Sie im Protokoll nur die Mängel fest und verlangen die Reparatur erst Wochen später, kann der Vermieter womöglich Nein sagen. Die Miete mindern können Sie dann für Mängel, die Ihnen beim Einzug bekannt waren, auch nicht mehr.

5 Verpflichten Sie sich im Protokoll auf keinen Fall etwa zur Renovierung bei Auszug. Diese Dinge gehören in den Mietvertrag.

Sachverständige

Profi-Hilfe

Mieter können zur Wohnungsübergabe auch einen Sachverständigen mitbringen. Dieser entdeckt vielleicht auch Mängel, die Laien nicht sehen. Adressen nennt der Mieterverein oder die Handwerkskammer vor Ort. Die Profi-Hilfe kostet ca. 200 Euro.

Mietnebenkosten überprüfen

Sie benötigen

- Betriebskostenabrechnung des Vermieters
- Ihren Mietvertrag

Nebenkostenabrechnungen sind oft fehlerhaft. So prüfen Sie sie richtig.

1 Der Vermieter muss spätestens zwölf Monate nach Ende des Abrechnungszeitraums abgerechnet haben. Schauen Sie im Mietvertrag: Meist ist das Kalenderjahr der Abrechnungszeitraum. Für 2010 muss die Abrechnung dann bis Ende 2011 vorliegen. Kommt sie später, schulden Sie keine Nachzahlungen.

2 Klären Sie, ob die abgerechneten Posten überhaupt vertraglich vereinbart sind. Das sind sie dann, wenn sie im Mietvertrag aufgezählt sind oder der Vertrag auf die

Betriebskostenverordnung verweist. „Sonstige“ Betriebskosten darf der Vermieter nur abrechnen, wenn er im Mietvertrag konkret erläutert hat, welche Ausgaben dazu zählen.

3 Prüfen Sie, ob in der Abrechnung der Abrechnungszeitraum, die Gesamtkosten des Hauses zu jeder Position sowie der Schlüssel genannt ist, nach dem der Vermieter die Gesamtkosten auf Sie umlegt. Zudem müssen Ihre Vorauszahlungen verrechnet sein. Fehlen Informationen bei Positionen, können Sie die Nachzahlung dafür verweigern, bis der Vermieter eine korrigierte Abrechnung vorlegt. Tut er das bis zum Ende seiner Abrechnungsfrist nicht, müssen Sie dafür nichts nachzahlen.

4 Vergleichen Sie Ihre Abrechnung mit alten Abrechnungen und den Durchschnittswerten aus dem Betriebskostenspiegel (www.mieterbund.de). Fragen Sie beim örtlichen Mieterverein nach, ob es regionale Vergleichswerte gibt. Bitten Sie den Vermieter um eine Erklärung, wenn die Kosten stark gestiegen sind oder erheblich von den Durchschnittskosten abweichen.

5 Oft erledigt der Hauswart auch Reparaturen und Verwaltungsarbeit. Das müssen Sie nicht zahlen. Fordern Sie eine Kürzung der Hauswartkosten, wenn sie nicht in der Abrechnung steht. Realistisch ist oft eine Minderung um 10 Prozent.

6 Einwände gegen die Abrechnung müssen Sie dem Vermieter spätestens zwölf Monate nach Erhalt der Abrechnung mitteilen. Droht der Vermieter in der Zwischenzeit, eine Nachzahlung einzuklagen, sollten Sie Rechtsrat bei einem Anwalt oder Mieterverein einholen.

Kontrollrecht

Belege einsehen

Sie können Einsicht in die Rechnungen und Verträge beim Vermieter verlangen und so feststellen, ob die abgerechneten Kosten wirklich angefallen sind. Wenn der Vermieter in einer anderen Stadt wohnt, muss er dem Mieter Kopien schicken.

Miete mindern bei Mängeln

Sie benötigen

- Kamera und Zeugen
- Rechtsberatung bei schweren Mängeln

Bleibt die Heizung kalt oder schimmelt die Wand, ohne dass Sie etwas dafür können, dürfen Sie die Miete kürzen. Dieses Recht haben Sie nur dann nicht, wenn der Mangel schon bei Mietbeginn bekannt war. Die Minderung ist auch erlaubt, wenn der Vermieter gar nichts für den Mangel kann. So könnten Sie also auch bei ständigem Baulärm aus der Nachbarschaft die Miete kürzen.

1 Informieren Sie den Vermieter frühzeitig, fordern Sie Abhilfe und weisen Sie auf eine mögliche Mietminderung hin. Bei größeren Problemen sollten Sie ein Einschreiben schicken.

2 Setzen Sie eine Frist, wenn es Ihnen um eine schnelle Lösung des Problems geht. Sie darf auch kurz sein, etwa wenn im Winter die Heizung ausfällt. Danach können Sie die Sache selbst erledigen lassen und Ersatz Ihrer Kosten verlangen oder diese später mit der Miete verrechnen. Mietvertragsklauseln, die eine Verrechnung verbieten, gelten nicht. Um dem Vermieter Druck zu machen, dürfen Sie zusätzlich auch Teile der Miete so lange einbehalten, bis er die Sache erledigt hat. Tun Sie das aber nicht ohne Expertenrat.

3 Das Recht zur Minderung beginnt mit dem Zeitpunkt der Mängelmeldung. Ein Gespür für eine angemessene Minderungsquote bekommen Sie, wenn Sie im Internet stöbern und schauen, wie Gerichte in ähnlichen Fällen entschieden haben. Bringt das keine Klarheit, besorgen Sie sich die Broschüre „Wohnungsmängel und Mietminderung" vom Deutschen Mieterbund. Sie enthält eine Urteilssammlung, kostet 5 Euro und ist bei Mietervereinen oder unter 030/22 32 30 erhältlich. Aber Vorsicht: Mitunter sind die Urteile uneinheitlich. So ist bei einem unbenutzbaren Balkon je nach Gericht eine Minderung von 3 Prozent, 8 Prozent oder auch 15 Prozent zulässig. Bei schweren Mängeln sollten Sie sich vom Anwalt oder einem Mieterverein beraten lassen.

4 Haben Sie einen angemessenen Prozentwert für „Ihren" Mangel ermittelt, müssen Sie rechnen: Die Minderung in Prozent bezieht sich auf die Bruttowarmmiete und ist nur für den Zeitraum zulässig, in dem das Problem auftritt. Hat der Vermieter den Mangel behoben, müssen Sie wieder voll zahlen.

Kündigung

Angstfrei mindern

Wer mindert, muss keine Kündigung des Mietvertrages fürchten. Nur wer völlig überzogen mindert und Mietrückstände in Höhe von zwei Monatsmieten auflaufen lässt, muss sich Sorgen machen. Vor größeren Minderungen ist deshalb Rechtsrat geboten.

Eigenbedarf anmelden

Sie benötigen

- Eigenbedarf
- Kündigungsschreiben mit Begründung

Ein Vermieter darf seinem Mieter kündigen, wenn er die Räume für sich oder seine Familie benötigt. Dabei sollte er sorgfältig vorgehen. Die Gerichte prüfen streng und ein Prozess kann teuer werden.

1 Prüfen Sie, ob Sie für die Person, die einziehen soll, Eigenbedarf reklamieren dürfen. Sie können die Wohnung für sich selbst beanspruchen, für Ihre Eltern, Großeltern, Schwiegereltern, Geschwister, den Ehepartner oder langjährige Lebensgefährten, Kinder, Enkel, Nichten und Neffen. Für Schwager oder Schwägerin geht das nur, wenn sie Ihnen sehr nahestehen.

2 Stellen Sie fest, welche Frist Sie bei der Kündigung einhalten müssen. Sie beträgt mindestens drei Monate. Läuft der Mietvertrag schon fünf Jahre, gelten sechs Monate Frist, ab acht Jahren sind es neun Monate. Beachten Sie auch Sperrfristen: Wenn Sie eine vermietete Wohnung kaufen, die zuvor Bestandteil eines Mietshauses war und in eine Eigentumswohnung umgewandelt wurde, können Sie drei Jahre lang keinen Eigenbedarf anmelden. In einigen Gemeinden dauert die Sperre sogar zehn Jahre. Eigentümerverbände wie Haus & Grund nennen Ihnen die korrekte Kündigungssperrfrist.

3 Kündigen Sie schriftlich. Nennen Sie Name, Adresse und Alter des Einziehenden. Erklären Sie, warum die Wohnung für Sie oder Ihren Angehörigen geeigneter ist als die bisherige. Nachvollziehbarer Eigenbedarf liegt etwa vor, wenn Sie Ihrem Sohn und seiner Frau die Vierzimmerwohnung geben möchten, weil sie Nachwuchs erwarten. Besitzen Sie mehrere Wohnungen, sollten Sie erläutern, warum Sie gerade diese Wohnung brauchen. Nennen Sie einen baldigen Einzugstermin. Weisen Sie den Mieter darauf hin, dass er in Härtefällen bis zwei Monate vor Mietende widersprechen kann. Eine Härte liegt etwa vor, wenn eine Mieterin gerade ein Kind erwartet.

4 Übergeben Sie Ihrem Mieter die Kündigung vor Zeugen oder schicken Sie ein Einwurfeinschreiben. Wird eine andere Wohnung frei, die Ihnen gehört, sollten Sie diese dem Mieter anbieten. Und zeigt sich bis zum Ende der Kündigungsfrist, dass Sie seine Wohnung plötzlich doch nicht benötigen, informieren Sie ihn sofort davon.

Aufhebungsvertrag

Gütlich einigen

Wenn Ihnen eine einvernehmliche Lösung wichtig ist, können Sie statt einer Kündigung mit Ihrem Mieter auch die Aufhebung des Mietvertrags vereinbaren und ihm etwa den Umzug bezahlen. Über den Betrag und den Auszugstermin können Sie frei verhandeln.

Immobilienkredite vergleichen

Sie benötigen

- Einkommensnachweis (Gehaltsbescheinigungen, Steuerbescheide)
- Kapitalnachweis (Kontoauszüge)
- Aktueller Grundbuchauszug, bei Eigentumswohnungen auch die Teilungserklärung
- Kaufvertrag oder Vertragsentwurf vom Notar; bei Neubauten Bauvertrag und Zahlungsplan
- Bauzeichnungen/Grundriss, Flurkarte/Lageplan, Fotos (vom Verkäufer oder Makler, bei Neubauten vom Bauträger oder Architekten)

Ein Kreditvergleich ist bares Geld wert. Selbst kleine Zinsunterschiede summieren sich zu enormen Beträgen. Bei einem 100 000-Euro-Darlehen mit 20 Jahren Zinsbindung macht ein halbes Prozent weniger Zins im Jahr fast 20 000 Euro aus.

1 Zunächst müssen Sie den Banken die Eckdaten Ihrer Finanzierung vorgeben. Legen Sie fest, wie viel Kredit Sie benötigen, welche Monatsrate Sie zahlen können und wie lange der Zins festgeschrieben sein soll. Geben Sie vor, welche flexiblen Rückzahlungsmöglichkeiten Sie wollen – etwa ein Sondertilgungsrecht oder das Recht, die Ratenhöhe zu ändern. Wenn Sie unsicher sind, was die beste Lösung ist, lassen Sie sich von einer Verbraucherzentrale beraten.

2 Holen Sie sich Angebote von mindestens zwei überregionalen Banken sowie der örtlichen Sparkasse und Genossenschaftsbank ein. Bitten Sie auch mindestens eine Vermittlungsgesellschaft um ein Angebot. Wenn Sie feste Zinsen für mindestens 20 Jahre wollen, kommen auch Bausparkassen infrage.

3 Vergleichen Sie Kredite mit gleicher Zinsbindung anhand des Effektivzinses. Er berücksichtigt auch Posten wie Bearbeitungs- und Kontogebühren. Halten sich die Banken an Ihre Vorgaben, erkennen Sie das beste Angebot auch an der niedrigsten Restschuld am Ende der Zinsbindung. Achtung: Manche Sparkassen und Bausparkassen geben irreführende Effektivzinsen an. Prüfen Sie die Angaben am besten mit den Kredit- und Bausparrechnern unter www.test.de/baufinanzierung.

4 Nach dem ersten Vergleich bleiben meist noch zwei oder drei günstige Angebote übrig, die sich nur geringfügig unterscheiden. Jetzt sollten Sie verhandeln: Vielleicht gibt die eine oder andere Bank ja noch etwas beim Zinssatz nach. Oft erhalten Sie als verhandlungstüchtiger Kunde auch bessere Nebenbedingungen, zum Beispiel ein großzügigeres Sondertilgungsrecht.

5 Haben Sie sich für eine Bank entschieden, sollten Sie mit dem Vertragsabschluss noch so lange warten, bis Ihr Bau- oder Kaufvertrag in trockenen Tüchern ist. Unterschreiben Sie den Kreditvertrag vorher, riskieren Sie eine saftige Nichtabnahmeentschädigung, falls der Verkäufer in letzter Minute überraschend abspringt.

Zinsübersicht

Infos im Netz

Checklisten, Testergebnisse rund ums Eigenheim und eine stets aktuelle Zinsübersicht für Hypothekendarlehen finden Sie unter www.test.de/baufinanzierung.

Stromanbieter wechseln

Sie benötigen

- Ihre letzte Stromrechnung
- Ihren aktuellen Versorgungsvertrag
- Einen Internetanschluss oder Zeit für den Besuch einer Verbraucherzentrale
- Ihren aktuellen Stromzählerstand

Fast die Hälfte der deutschen Haushalte hat noch nie den Stromanbieter oder den Tarif gewechselt. Viele sind immer noch im teuren Grundtarif. Dabei ist der Wechsel einfach.

1 Schauen Sie in Ihren aktuellen Vertrag. Dort steht, ob eine Mindestvertragslaufzeit gilt. Dort finden Sie auch die Kündigungsfrist. Im Grundtarif beträgt sie einen Monat ab Ende des laufenden Monats.

2 Ermitteln Sie aus der Stromrechnung Ihren Jahresverbrauch. So können Sie mithilfe von Seiten wie check24.de, stromtarife.de oder verivox.de Tarife vergleichen.

Verlassen Sie sich aber nicht blind auf die Angaben, sondern surfen Sie auch zu den Anbietern. Möglicherweise haben sie doch andere Preise.

3 Haben Sie kein Internet, hilft Ihnen eine Verbraucherzentrale. Wenn Sie Angebote ohne Vergleichsrechner prüfen, beachten Sie den Grundpreis und den variablen Arbeitspreis, der pro Kilowattstunde berechnet wird. Faustregel: Je niedriger der Grundpreis, desto besser ist der Tarif für Singles. Familien profitieren vom niedrigen Arbeitspreis.

4 Ihnen ist „Ökostrom“ wichtig? Dann schauen Sie auf Zertifikate wie „Grüner Strom“ oder „ok-Power“. Es gibt noch weitere Zertifikate. Doch nicht alle gewährleisten, dass Sie mit dem Wechsel wirklich Gutes für die Umwelt tun. Umfassende Infos finden Sie auf www.test.de (Suchwort „Ökostrom“).

5 Firmen, die Vorkasse verlangen, sollten Sie meiden. Gehen sie pleite, ist Ihr Geld weg. Wichtig sind zudem kurze Kündigungsfristen und Vertragslaufzeiten (maximal ein Jahr) sowie eine lange Preisgarantie. Interessant können Neukundenboni und Freistrom sein. Sie machen ein Angebot vor allem im ersten Jahr attraktiv. Wenn Sie es nutzen, sollten Sie vor Auslaufen des Vertragsjahres prüfen, ob es weiter günstig bleibt, und im Zweifel erneut wechseln.

6 Fordern Sie beim neuen Anbieter einen Vertrag an, füllen Sie ihn aus und schicken Sie ihn zurück. Den Wechsel organisiert der Anbieter, Sie müssen nicht kündigen. Kurz vor Vertragsbeginn bittet der neue Anbieter Sie dann, Ihren Zählerstand zu übermitteln.

Ökostrom

Infos im Netz

Noch mehr Hinweise für den Wechsel finden Sie unter www.test.de/stromwechsel-check. Informationen über Ökostrom stehen auf www.ok-power.de und www.gruenerstromlabel.org. Einen Anhalt für die Auswahl bietet auch www.ecotopten.de.

Putzfrau legalisieren

Sie benötigen

- Das Formular „Haushaltsscheck"
- Ihre Steuernummer
- Die Sozialversicherungsnummer Ihrer Haushaltshilfe
- Ein Girokonto

Es lohnt sich, eine Putzfrau legal zu beschäftigen. Das kostet Sie unterm Strich nicht mehr als eine schwarz beschäftigte Kraft und Ihre Putzfrau ist bei Arbeitsunfällen versichert. So melden Sie eine Renigungskraft bei der Minijob-Zentrale an.

1 Fragen Sie Ihre Putzfrau, ob sie schon in einem anderen Haushalt als „400-Euro-Kraft" angemeldet ist. Denn hat Ihre Haushaltshilfe noch anderswo einen Minijob, sollte sie für alle Jobs zusammen nicht mehr als 400 Euro im Monat verdienen. Liegt Sie in der Summe darüber, können Sie sie nicht zu den günstigen Bedingungen anmelden.

Hat Ihre Haushaltshilfe einen Hauptberuf und putzt nur nebenher, darf sie nur einen einzigen abgabenfreien 400-Euro-Job ausüben.

2 Besorgen Sie sich den „Haushaltsscheck" bei der Minijob-Zentrale, 45115 Essen. Sie können das Formular auch unter www.haushalts scheck.de herunterladen. Füllen Sie den Haushaltsscheck aus. Neben persönlichen Daten müssen Sie Ihre Steuernummer und die Sozialversicherungsnummer der Putzfrau eintragen. Hat sie noch keine Sozialversicherungsnummer, genügt ihr Name, Geburtsdatum und Geburtsort. Auch der vereinbarte Lohn ist anzugeben. Zahlen Sie nach Stunden, müssen Sie auf einen Monatslohn umrechnen. Zudem braucht die Minijob-Zentrale eine Einzugsermächtigung von Ihnen für die fälligen Abgaben. Die Haushaltshilfe muss keine Lohnsteuerkarte vorlegen.

3 Eine Ausfertigung des Haushaltsschecks müssen Sie und Ihre Putzfrau unterschreiben und an die Minijob-Zentrale schicken. Die Behörde bucht zweimal im Jahr (Juli und Januar) von Ihrem Konto ab. 14,34 Prozent vom Lohn wird Ihnen derzeit pro Monat für Steuer und Sozialversicherung berechnet.

4 Am Jahresende erhalten Sie eine Bescheinigung über Ihre Ausgaben. Tragen Sie im Mantelbogen Ihrer Steuererklärung (Zeile 74) die Summe ein und legen Sie die Bescheinigung bei. Ihre Steuerlast verringert sich um 20 Prozent Ihrer Ausgaben, maximal um 510 Euro.

Beispiel

Legal ist billiger

Wenn Sie einer Putzfrau 150 Euro im Monat zahlen und sie anmelden, kostet Sie das zusätzlich 21,51 Euro Abgaben pro Monat. Sie können bei der Steuererklärung dann einen Bonus für die legale Haushaltshilfe in Höhe von 20 Prozent Ihrer Gesamtausgaben geltend machen. In unserem Beispiel sind das 34,30 Euro pro Monat. Der Steuerrabatt gleicht dann Ihre Abgaben mehr als aus.

Auto anmelden

Sie benötigen

- Personalausweis oder Reisepass mit Meldebestätigung
- Versicherungsbestätigung (Kodenummer, ehemals Doppelkarte)
- Teil 1 der Zulassungsbescheinigung (vormals Fahrzeugbrief)
- COC-Zertifikat für einen Neuwagen aus dem Ausland
- Bescheinigung der Abgasuntersuchung
- 50 Euro – am besten in bar

Bezahlen, einsteigen, losfahren! Ganz so einfach ist es nicht. Etwas Bürokratie müssen Sie leider bewältigen, wenn Sie einen Neuwagen gekauft haben und Ihnen der Händler Ihres Vertrauens die Anmeldung nicht abnimmt. Doch wenn Sie alles in der richtigen Reihenfolge erledigen, ist die Anmeldung Ihres neuen Schätzchens ganz einfach.

1 Ihr Wagen benötigt zumindest eine Haftpflichtversicherung. Welche für Sie am günstigsten ist, analysiert auf Wunsch die Stiftung Warentest. Die individuelle Analyse kostet 16 Euro. Sie können sie unter www.test.de/kfz-analyse bestellen.

Ist Ihr Wagen versichert, speichert der Versicherer das in einer Datei. Die „Doppelkarte", die früher den Versicherungsschutz dokumentierte, gibt es nicht mehr. Sie bekommen vom Versicherer eine Kodenummer, mit der die Zulassungsstelle den Dateieintrag nachvollziehen kann.

2 Prüfen Sie, ob Sie die Steuer für weitere Fahrzeuge in Ihrem Besitz bezahlt haben. Sind Sie noch Steuern schuldig, könnte Ihnen die Behörde die Anmeldung des neuen Wagens verweigern.

3 Nehmen Sie sich einen halben Tag Zeit und gehen Sie früh zur Zulassungsstelle. Wenn Ihr Amt Termine vergibt, sollten Sie diesen Service nutzen. Prüfen Sie zuvor Ihre Unterlagen. Sie brauchen die Kodenummer, Ausweis oder Reisepass mit Meldebestätigung und Teil 1 der Zulassungsbescheinigung. Haben Sie einen Neuwagen im Ausland gekauft, benötigen Sie zudem das sogenannte COC-Zertifikat. Das sollten Sie vom Verkäufer bekommen haben. Sonst brauchen Sie ein Vollgutachten für den Wagen, etwa vom Tüv. Für Gebrauchtwagen benötigen Sie sämtliche Fahrzeugpapiere und häufig auch die Bescheinigung über die Abgasuntersuchung. War der Gebrauchte zuvor abgemeldet, brauchen Sie vom Vorbesitzer noch die Stilllegungsbescheinigung.

4 Bei einer Neuzulassung benötigen Sie ein Kennzeichen. Das besorgen Sie sich während des Anmeldeverfahrens für 10 bis 20 Euro. Zusätzlich müssen Sie Anmeldegebühren zahlen. Manche Ämter nehmen nur Bargeld. Mit bis zu 50 Euro (wenn Sie ein Wunschkennzeichen möchten) müssen Sie hier rechnen.

Neuwagen-Infos

Drängende Fragen

Antworten auf die drängendsten Fragen frischgebackener Neuwagenbesitzer finden Sie unter www.test.de (Suchwort: „Neues Auto"). Dort finden Sie Informationen zu Inspektionen, Werkstattbindung, zur Herstellergarantie und zur Kaskoversicherung.

Autoversicherung wechseln

Sie benötigen

- Internet oder Telefon für Preisvergleiche
- Kündigungsschreiben
- Kündigungsbestätigung

Zwischen der billigsten und der teuersten Autoversicherung können über 1000 Euro Unterschied liegen. Wer also nicht zufällig schon beim günstigsten Anbieter versichert ist, kann durch einen Wechsel des Versicherers viel Geld sparen.

1 Zum Ablauf des Versicherungsjahres können Sie aus Ihrem alten Vertrag raus. Schauen Sie in Ihren Versicherungsschein, da steht die Laufzeit. Die meisten Verträge laufen über das Kalenderjahr. Dann können Sie zum 31. Dezember mit einer Einmonatsfrist kündigen. Wollen Sie etwa 2012 zu einem neuen Versicherer, müssen Sie beim alten bis zum 30. November 2011 gekündigt haben. Hat der Versicherer eine Beitragserhöhung für 2012 angekündigt, haben Sie ab Erhalt des Schreibens einen Monat, um außerordentlich zu kündigen. Auch nach einem Schadensfall können Sie innerhalb eines Monats kündigen.

2 Welchen Schutz suchen Sie? Die Kfz-Haftpflicht ist Pflicht. Sie deckt Schäden ab, die am gegnerischen Fahrzeug entstehen. Wer Teilkaskoschutz mit abschließt, ist auch gegen Schäden am eigenen Auto, etwa durch Diebstahl oder Brand, abgesichert. Die Vollkasko zahlt auch die Reparatur am eigenen Auto nach selbst verursachten Unfällen. Eine Vollkasko lohnt sich vor allem bei neuen und wertvollen Autos.

3 Unter www.test.de finden Sie Tests zur Autoversicherung. In der Vergangenheit haben sich Direktversicherer wie etwa Direct Line als günstig herausgestellt (www.direct line.de). Diese sind oft aber nur per Internet, Post und Telefon zu erreichen. Die Huk Coburg etwa ist ein Versicherer mit Filialnetz, der zuletzt gut abgeschnitten hat. Holen Sie mehrere Angebote ein. Lesen Sie diese sorgfältig. Die Kaskotarife der Versicherer unterscheiden sich inhaltlich stark. Über www.test.de/ana lysen können Sie sich für 16 Euro durch die Stiftung Warentest einen günstigen Tarif ermitteln lassen.

4 Kündigen Sie Ihren alten Vertrag schriftlich. Schließen Sie beim neuen Anbieter ab, sobald Sie die Kündigungsbestätigung haben. Wer auch Kaskoschutz sucht, sollte abwarten, bis der neue Vertrag abgeschlossen ist und dann erst den bestehenden Vertrag kündigen.

Sparen

Tipp für Faule

Scheuen Sie den Aufwand für einen Wechsel, lohnt es sich, bei Ihrem Versicherer nachzufragen, ob er Ihnen ein besseres Angebot fürs nächste Jahr machen kann. Eine Beitragssenkung geben viele Versicherer nicht automatisch an ihre Bestandskunden weiter.

Verkehrsunfall
korrekt abwickeln

Sie benötigen

- Einen kühlen Kopf
- Kreide und den Vordruck für einen Unfallbericht im Handschuhfach
- Daten des Unfallgegners und von Zeugen
- Nach Möglichkeit Fotos vom Unfallort
- Bei größeren Schäden die Hilfe der Polizei

Auch wer stets vorsichtig fährt, ist vor Unfällen nicht gefeit. Was tun, wenn es doch einmal geknallt hat?

1 Sichern Sie den Unfallort, am besten mit Warnweste. Rufen Sie den Krankenwagen (112), wenn es Verletzte gibt, und leisten Sie Hilfe. Ist der Schaden gering, müssen die Fahrzeuge schnell von der Straße. Markieren Sie vorher die Standorte mit Kreide und machen Sie Fotos, wenn eine Kamera bei der Hand ist.

2 Gibt es Streit über den Unfallhergang oder gibt es Verletzte? Hat der Unfallgegner eine Fahne oder haut er sogar ab? Ist der Schaden groß oder kommt der Unfallgegner aus dem Ausland? Dann rufen Sie die Polizei. Kleinere Schäden können Sie selbst regeln.

3 Halten Sie die Personalien von Zeugen fest, auch wenn der Unfallhergang unstreitig ist oder der Gegner seine Schuld versichert. So ein Eingeständnis hat nur begrenzte Aussagekraft. Hüten Sie sich selbst vor Eingeständnissen, auch wenn Sie an die eigene Schuld glauben. Kommt die Polizei, notieren Sie Namen und Dienststelle des Beamten.

4 Sie klären die Sache ohne Polizei? Dann halten Sie den Hergang gemeinsam mit dem Gegner schriftlich fest, am besten auf dem Vordruck „Europäischer Unfallbericht". Es gibt ihn gratis bei den Autoversicherern und er gehört ins Handschuhfach. Er ist so angelegt, dass ihn Unfallbeteiligte unterschreiben können, ohne dass dies als Schuldanerkenntnis ausgelegt werden könnte.

5 Tauschen, prüfen und notieren Sie: Name und Wohnort von Fahrer und Halter, Fahrzeugtyp, Kennzeichen, Versicherung und Versicherungsscheinnummer. Die Angaben sind Pflicht. Versicherungsdaten erfahren Sie beim Zentralruf der Autoversicherer (0 180/25026).

6 Melden Sie den Unfall schnell der gegnerischen und Ihrer eigenen Versicherung. Die Entscheidung, einen Schaden selbst zu tragen, um einen schlechteren Versicherungstarif zu vermeiden, können Sie später noch treffen. Wenn Sie keine Schuld haben und zu einem Anwalt gehen, zahlt dafür die gegnerische Versicherung. Hatten Sie Schuld oder eine Teilschuld, müssen Sie den Anwalt anteilig zahlen, wenn Sie keinen Verkehrsrechtsschutz haben.

Unfallflucht

Geduldig warten

Fahren Sie nicht weiter, wenn Sie etwa ein parkendes Auto beschädigen. Warten Sie mindestens eine halbe Stunde, hinterlassen Sie dann Namen und Anschrift und melden Sie den Vorfall sofort dem Geschädigten oder der Polizei.

Pflegeheim finden
Elterngeld beantragen
Pflegestufe beantragen

Krankenkasse wechseln

Familie + Gesundheit

Mit der Kasse streiten

Nachwuchs anmelden

Sie benötigen

- Personalausweis
- Je nach Familienstand: Familienstammbuch, Heiratsurkunde oder eigene Geburtsurkunde
- Formular zur Namenbestimmung Ihres Kindes

Das Baby ist da und die Eltern haben eigentlich Wichtigeres zu tun. Ein paar Formalitäten sind aber Pflicht.

1 Die Geburt Ihres Kindes müssen Sie innerhalb einer Woche beim Standesamt am Geburtsort anzeigen. Dort bekommen Sie auch das Formular, in dem Sie den Namen Ihres Kindes festlegen („Vornamensanzeige"). Wenn Sie verheiratet sind, müssen Sie Ihr Familienstammbuch oder Ihre Heiratsurkunde mitbringen, außerdem Ihren Personalausweis und den Ihres Partners. Ledige Mütter müssen ihre Geburtsurkunde vorzeigen. In manchen Kliniken können junge Eltern Ihr Kind schon dort anmelden. Dann müssen sie nur zum Abholen der Geburtsurkunden ins Standesamt. Kommt Ihr Kind zu Hause zur Welt, erhalten Sie von der Hebamme oder dem Arzt eine Geburtsanzeige und müssen diese mit den genannten Unterlagen zum Standesamt bringen. Etwa zwei Wochen später können Sie die Geburtsurkunde beim Standesamt abholen. Bis zu vier Ausfertigungen erhalten Sie kostenfrei.

2 Informieren Sie die Krankenkasse telefonisch über die Geburt und schicken Sie ihr ein Exemplar der Geburtsurkunde. Gesetzliche Krankenkassen versichern Kinder kostenlos, private Versicherer erheben einen Beitrag. Sind Sie und Ihr Partner gesetzlich versichert, können Sie wählen, bei wem das Kind mitversichert wird. Ist einer von Ihnen privat versichert, wird das Kind bei dem Elternteil mit dem höheren Einkommen versichert. Sind Sie beide privat versichert, müssen Sie Ihr Kind privat versichern.

3 Kindergeld beantragen Sie bei der Familienkasse der Arbeitsagentur. Das dafür notwendige Formular finden Sie etwa unter www.arbeitsagentur.de (Suche: „Formulare Kindergeld"). Tipps für den Antrag auf Elterngeld stehen auf Seite 102.

4 Wollen Sie möglichst schnell vom Steuerfreibetrag für Kinder profitieren, können Sie ihn sich beim Finanzamt an Ihrem Wohnort auf die elektronische Lohnsteuerkarte eintragen lassen. Ihr Arbeitgeber zahlt Ihnen dann mehr Nettolohn aus. Ansonsten wird der Steuerfreibetrag bei Ihrer nächsten Steuererklärung berücksichtigt. Mehr dazu auf Seite 36.

Vaterschaft

Anerkennung

Wollen werdende Eltern ohne Trauschein, dass der Vater „legalisiert" wird, muss dieser die Vaterschaft vor dem Standesamt oder dem Jugendamt anerkennen. Das geht auch schon vor der Geburt, aber immer nur mit Zustimmung der Mutter.

Elterngeld beantragen

Sie benötigen

- Arbeitnehmer: Gehaltsnachweise der zwölf Monate vor dem Geburtsmonat
- Selbstständige: Steuerbescheid aus dem Kalenderjahr vor der Geburt, ersatzweise Einnahmeüberschussrechnung aus diesem Jahr oder ältere Steuerbescheide
- Elterngeldrechner unter www.bmfsfj.de/Elterngeldrechner
- Adresse der Elterngeldstelle, zu finden über www.bmfsfj.de (Suchwort „Elterngeldstelle“)

Das Elterngeld beträgt 67 Prozent des durchschnittlichen Nettoeinkommens vor der Geburt, mindestens 300 Euro, maximal 1800 Euro pro Monat. Lag der Verdienst über 1200 Euro, wird die Ersatzrate von 67 Prozent stufenweise auf 65 Prozent gesenkt. Wer zuvor weniger als 1000 Euro verdient hat, bekommt dagegen stufenweise bis zu 100 Prozent des wegfallenden Einkommens. Beispiel: Eine Mutter, die 800 Euro verdient hat, erhält im Babyjahr 77 Prozent ihres Lohns, also 616 Euro Elterngeld.

1 Wenn Sie verheiratet und beide berufstätig sind, sollte derjenige möglichst früh vor der Geburt in die Steuerklasse III wechseln, der danach Elterngeld beantragen wird. Wechselt etwa eine werdende Mutter von Klasse V in Klasse III, erhält sie nach der Geburt mehr Elterngeld. Eine Anleitung zum Steuerklassenwechsel finden Sie auf Seite 34.

2 Stimmen Sie sich mit Ihrem Partner ab, wer wann Elterngeld beziehen will. Geld gibt es grundsätzlich nur in den ersten 14 Lebensmonaten des Kindes. Ein Elternteil kann für maximal zwölf Monate Geld beziehen. Zwei weitere Monate gibt es, wenn sich auch der Partner an der Erziehung beteiligt und deshalb Einkommenseinbußen hat. Die 14 Elterngeld-Monate kann ein Paar nach Belieben unter sich aufteilen. So können beide sieben Monate nehmen – auch gleichzeitig. Alleinstehende Mütter und Väter bekommen 14 Monate Elterngeld, wenn ihnen das Sorgerecht allein zusteht und sie durch die Babybetreuung Lohneinbußen haben.

3 Um planen zu können, sollten Sie vor der Geburt Ihre Krankenkasse fragen, ob Sie während des Elterngeldbezuges Beiträge zahlen müssen. Waren Sie vor der Geburt Pflichtmitglied einer gesetzlichen Krankenkasse, sind Sie und Ihr Kind oft beitragsfrei versichert.

4 Besorgen Sie sich nach der Geburt bei der Elterngeldstelle einen Antrag. Warten Sie nicht zu lang mit der Abgabe. Rückwirkend gibt es nur für die letzten drei Monate vor dem Antrag Geld.

5 Beantragen Sie bei Ihrem Arbeitgeber für die Bezugszeit des Elterngeldes Elternzeit (mehr dazu auf Seite 104).

Teilzeit

Verlustausgleich

Wer zur Babybetreuung in Teilzeit geht, erhält Elterngeld, solange er nicht mehr als 30 Wochenstunden arbeitet. Es gibt 67 Prozent der Gehaltseinbuße. Beispiel: Verdient ein Elternteil vor der Geburt 2000 Euro und danach 1000 Euro, erhält er 670 Euro Elterngeld.

Elternzeit beantragen

Sie benötigen

- Zeit, um sich mit dem Partner über die Elternzeit abzustimmen
- Schriftlicher Antrag auf Elternzeit
- Schriftliche Bestätigung des Arbeitgebers

Eltern können nach der Geburt eines Kindes in Elternzeit gehen. Elternzeit und Elterngeld sind nicht zu verwechseln. Elternzeit beantragen Arbeitnehmer beim Chef. Elterngeld hingegen gibt es bei der Elterngeldstelle. Elterngeld erhalten auch Selbstständige (mehr dazu Seite 102).

1 Sind Mutter und Vater Arbeitnehmer, kann jeder von Ihnen bis zu drei Jahre Elternzeit nehmen. Klären Sie mit Ihrem Partner, wer wann Elternzeit nimmt.

2 Denken Sie daran, dass es zwar drei Jahre Elternzeit gibt, aber dass Sie maximal für die ersten 14 Lebensmonate des Kindes das volle Elterngeld vom Staat bekommen. Ein Elternteil erhält höchstens für zwölf Monate Elterngeld. Zwei Extramonate gibt es, wenn auch der Partner zur Babybetreuung weniger arbeitet. Wer sich nur das halbe Elterngeld auszahlen lässt, kann den Auszahlungszeitraum verdoppeln.

3 Nutzen Sie den Musterantrag unter www.test.de (Suchworte „Elternzeit Musterantrag"), um die Elternzeit bei Ihrem Arbeitgeber zu beantragen. Geben Sie im Antrag verbindlich an, wie lange Sie in den ersten zwei Lebensjahren Ihres Kindes Pause machen wollen. Später legen Sie fest, ob und wie Sie auch im dritten Jahr Elternzeit nehmen. Wenn Sie nicht alle drei Jahre verbrauchen, können Sie von den Restmonaten bis zu zwölf Monate mit Zustimmung des Arbeitgebers auf später – bis zum achten Geburtstag des Kindes – übertragen. Bitten Sie Ihren Arbeitgeber früh um Zustimmung zum Übertrag. Lehnt er ab, können Sie die Restzeit dann noch im dritten Jahr nehmen. Im Antrag auf Übertrag müssen Sie noch nicht sagen, wann genau Sie die Restzeit nehmen.

4 Wollen Sie in der Elternzeit Teilzeit arbeiten, sollten Sie das im Antrag erwähnen. Maximal 30 Wochenstunden sind erlaubt. Anspruch auf Elternteilzeit hat nur, wer schon länger als sechs Monate im Betrieb ist. Die Firma muss zudem mehr als 15 Mitarbeiter haben. Der Chef darf nur ablehnen, wenn er dringende betriebliche Gründe hat.

5 Den Antrag müssen Sie spätestens sieben Wochen vor Beginn der Elternzeit beim Arbeitgeber stellen. Bitten Sie um eine schriftliche Bestätigung.

Elternzeitbeginn

Tipp für Väter

Elterngeld wird für Lebensmonate des Kindes gezahlt. Väter, die ein paar Monate Elternzeit nehmen und Elterngeld wollen, sollten ihren Antrag auf Elternzeit entsprechend anpassen. Ist Ihr Kind an einem 17. geboren, sollten Sie ab einem 17. Elternzeit nehmen.

Richtig krank melden

Sie benötigen

- Krankmeldung
- Gegebenenfalls Attest vom Arzt

Eigentlich sollte es kein Problem sein, sich beim Arbeitgeber korrekt krank zu melden. Aber es kommt immer wieder zu Abmahnungen wegen Fehlern bei der Krankmeldung. So weit sollte es nicht kommen.

1 Wenn Sie krank sind und nicht arbeiten können, sollten Sie Ihren Arbeitgeber möglichst früh informieren, am besten noch bevor Ihre offizielle Arbeitszeit beginnt. Warten Sie nicht, bis Sie beim Arzt waren. Solange im Betrieb nichts anderes vorgeschrieben ist, können Sie sich per Fax, per Anruf oder per E-Mail krank melden. Wichtig ist, dass Sie sich bei der richtigen Stelle krank melden. Das ist in der Regel die Personalstelle oder das Büro Ihres Chefs. Informieren Sie nur einen Kollegen, geht es zu Ihren Lasten, wenn dieser vergisst, die Krankmeldung weiterzugeben. Geben Sie bei der Krankmeldung auch an, wie lange Sie nach Ihrer Schätzung ausfallen werden. Gehen Sie später zum Arzt und ergibt sich, dass Sie länger krank sein werden, müssen Sie sich noch einmal in der Firma melden.

2 Sind Sie länger als drei Kalendertage krank, müssen Sie Ihrem Arbeitgeber spätestens am darauffolgenden Arbeitstag ein Attest vom Arzt vorlegen. Erkranken Sie beispielsweise an einem Dienstag, muss der Krankenschein spätestens am Freitag beim Arbeitgeber sein. Beachten Sie, dass auch der Samstag, Sonntag und die Feiertage mitzählen. Ist ein Freitag Ihr erster Krankheitstag, muss schon am Montag der Schein zum Chef. Fällt Ihr vierter Krankheitstag auf einen Samstag, müssen Sie den Krankenschein natürlich erst am darauffolgenden Montag Ihrem Arbeitgeber vorlegen. Es sei denn, samstags wird in Ihrem Betrieb gearbeitet.

3 Der Arbeitgeber kann verlangen, dass Sie schon für den ersten Krankheitstag ein Attest beibringen. Manchmal steht diese Pflicht im Arbeitsvertrag. Während der Krankheit müssen Sie übrigens nicht zwangsläufig immer zu Hause im Bett bleiben. Solange es nicht dem Heilungsprozess schadet, dürfen Sie während der Krankheit auch einkaufen oder spazieren gehen.

Krankes Kind

Zeit für Pflege

Ist ein Kind krank, dürfen Eltern maximal 10 Arbeitstage im Jahr zu Hause bleiben. Alleinerziehende dürfen für ein Kind maximal 20 Tage fehlen. Oft bekommen sie in dieser Zeit aber keinen Lohn. Gesetzlich krankenversicherte Eltern erhalten aber das Kinderpflegekrankengeld, 70 Prozent ihres Bruttolohns. In der Regel brauchen die Eltern gleich für den ersten Tag ein Attest, das die Krankheit des Kindes bestätigt.

Mit der Kasse streiten

Sie benötigen

- Ablehnungsbescheid der Kasse
- Papier und Stift

Sie sind gesetzlich kranken- oder pflegeversichert, aber die Kasse will für Kuren nicht zahlen oder verweigert Krankengeld oder Hilfsmittel wie einen Rollstuhl? Oder Sie sind mit der Kasse uneins über Ihre Beitragshöhe oder die richtige Pflegestufe? Dann können Sie sich wehren (wie Sie als privat Versicherter vorgehen, steht auf Seite 20).

1 Lehnt die Kasse Ihren Antrag ab, können Sie widersprechen. Das geht formlos per Post und Sie haben einen Monat Zeit ab Eingang des Schreibens. Enthält der Bescheid der Kasse keine Rechtsbehelfsbelehrung, haben Sie sogar ein Jahr Zeit.

Sie können auch mündlich in der örtlichen Filiale Ihrer Kasse widersprechen, sollten aber in jedem Fall den Widerspruch begründen. Schildern Sie, warum die erwünschte Leistung nötig ist. Sie können sich dabei helfen lassen, etwa von einem Sozialverband oder einem Wohlfahrtsverband wie Caritas, Arbeiterwohlfahrt oder Diakonie. Einige Rechtsschutzversicherungen zahlen auch hier schon den Rechtsanwalt, andere springen erst ein, wenn der Streit vor Gericht geht. Was in Ihrem Fall gilt, steht in Ihrer Rechtsschutzpolice.

2 Um über Ihren Widerspruch zu entscheiden, hat Ihre Kasse sechs Monate Zeit. Bleibt sie bei ihrer Ablehnung, entscheidet ein Widerspruchsausschuss, der dafür wiederum drei Monate Zeit hat. Passiert nichts, können Sie Untätigkeitsklage beim Sozialgericht erheben. Meist kommen die Entscheidungen aber pünktlich. Wenn Sie nicht auf den Widerspruchsbescheid warten wollen, können Sie sich die gewünschte Leistung wie etwa einen Rollstuhl selbst beschaffen. Heben Sie die Rechnung auf. Sonst gibt es in keinem Fall eine Erstattung.

3 Sind Sie mit der Entscheidung des Widerspruchsausschusses ebenfalls nicht zufrieden, können Sie sie vor dem Sozialgericht angreifen. Wie Sie hier vorgehen, steht im Widerspruchsbescheid. Wichtig: Ihre Klage müssen Sie innerhalb eines Monats erheben. Ein Anwalt ist dafür nicht zwingend erforderlich und Gerichtskosten müssen Sie auch dann nicht befürchten, wenn Sie unterliegen. Nur falls Sie einen Anwalt beauftragen, bleiben Sie im Fall einer Niederlage auf dessen Rechnung sitzen, wenn Sie keine Rechtsschutzversicherung haben.

Widerspruch

Mit Erfolg wehren

Widersprüche gegen Kassenentscheidungen haben eine beachtliche Erfolgsquote. Bei den Allgemeinen Ortskrankenkassen etwa (25 Millionen Versicherte) gingen in den Jahren 2006 bis 2008 rund 58 000 Widersprüche ein. Knapp 29 Prozent hatten Erfolg.

Krankenkasse wechseln

Sie benötigen

- Kündigungsschreiben als Einschreiben
- Später: Kopie der Kündigungsbestätigung

Auch wenn sich gesetzliche Kranken- und Pflegekassen aufgrund des einheitlichen Beitragssatzes im Preis kaum unterscheiden: Der Wechsel kann sich lohnen. Manche Kassen sind zum Beispiel spendabler, wenn es um Homöopathie geht, andere übernehmen ganz oder teilweise die Kosten von Reiseimpfungen.

1 Prüfen Sie, ob ein Wechsel sinnvoll ist. Haben Sie eine komplizierte Krankengeschichte, ist ein guter Kontakt zur Kasse Gold wert. Profitieren Sie vom Service in der Geschäftsstelle oder einem Besuchsservice, den manche Kassen anbieten, sollten Sie lieber bleiben.

2 Schauen Sie nun auf die Fristen. Nach 18 Monaten können Sie eine Kasse verlassen. Sie müssen zwei Kalendermonate vor dem Termin kündigen, zu dem Sie gehen wollen. Eine Kündigung zum 31. Juli muss also zum 31. Mai bei der Kasse sein. Haben Sie einen sogenannten Wahltarif, kann das anders sein. Hier sind Sie je nach Art des Wahltarifs entweder ein Jahr oder drei Jahre lang gebunden.

3 Ob „Normalkunde" oder Kunde im Wahltarif: Kündigt die Kasse an, einen Zusatzbeitrag einzuführen oder diesen zu erhöhen, können Sie stets sofort wechseln. Die Kasse muss Ihnen in so einem Fall schriftlich eine Reaktionsfrist von mindestens einem Monat einräumen. Das gilt auch, wenn die Kasse den Zusatzbeitrag rückwirkend einführt. In keinem Fall darf die Kündigung etwas extra kosten.

4 Schicken Sie die Kündigung per Einschreiben und geben Sie das Austrittsdatum und Ihre Versichertennummer an. Spätestens 14 Tage nach Erhalt muss Ihnen die Kasse die Kündigung bestätigen.

5 Schicken Sie der neuen Kasse Ihre persönlichen Daten, die Kündigungsbestätigung in Kopie sowie den gewünschten Eintrittstermin. Weitere Angaben (etwa über mitversicherte Kinder) können Sie später machen. Die neue Kasse darf Ihnen die Mitgliedschaft nicht verweigern und muss sofort eine Mitgliedsbescheinigung ausstellen. Geben Sie sie spätestens zwei Wochen nach dem Wechsel Ihrem Arbeitgeber. Wenn Sie das nicht tun oder gar keine neue Kasse wählen, bleiben Sie Mitglied Ihrer bisherigen Kasse.

Produktfinder

Alles – für 3 Euro

Von Abnehmkurs bis Zahnreinigung: Gesetzliche Kassen zahlen mehr als man glaubt. Über die Extras sind Leistungen von mehreren hundert Euro pro Jahr drin. Alle Infos stehen im Produktfinder unter www.test.de/krankenkassen. Für 3 Euro informiert er über Leistungen von über 90 Kassen.

Vorsorgevollmacht erteilen

Sie benötigen

- Eine Person Ihres Vertrauens
- Einen Notar

Mit einer Vorsorgevollmacht kann ein Erwachsener einen Vertrauten bestimmen, der ihn in allen Fällen vertreten darf. So eine Generalvollmacht setzt Vertrauen voraus. Wenn Sie eine Vollmacht aufsetzen wollen, sollten Sie zuvor mit dem zu Bevollmächtigenden ausgiebig sprechen.

1 Schreiben Sie auf, dass die Vollmacht zur „Vertretung in allen Angelegenheiten" gelten soll. Notieren Sie darin, dass sie über den Tod hinaus besteht. Schränken Sie die Vollmacht nicht ein, indem Sie Bedingungen formulieren wie „bei einer schweren Erkrankung". Sonst können sie andere leicht anzweifeln.

2 Sie möchten, dass der Vertraute nicht nur finanzielle und private Dinge, sondern auch Ihre Wünsche aus einer Patientenverfügung (siehe Seite 114) durchsetzt? Dann notieren Sie, dass er medizinischen Maßnahmen zustimmen oder sie ablehnen darf, auch wenn Sie daran sterben könnten oder Ihre Gesundheit dauerhaft und schwer beschädigen. Ergänzen Sie, dass der Vertraute allen Maßnahmen zustimmen oder diese ablehnen darf, die mit Freiheitsentzug verbunden sind.

3 Wenn Sie nicht absehen können, wofür die Vorsorgevollmacht später tatsächlich benötigt wird, ist die Beurkundung durch einen Notar sinnvoll. Das kostet zumeist zwischen 50 und 150 Euro. Der Notar ist bei der Beurkundung verpflichtet, Sie zu beraten. Wenn der Bevollmächtigte später eine Immobilie verkaufen oder einen Kredit aufnehmen können soll, ist die Urkunde sowieso notwendig. Soll ein Handelsgewerbe fortgeführt, ein Eintrag im Grundbuch vorgenommen oder ein Erbe ausgeschlagen werden, muss die Vollmacht beurkundet oder zumindest beglaubigt sein.

4 Registrieren Sie das Dokument im Vorsorgeregister der Bundesnotarkammer (www.vorsorgeregister.de). So erfahren Gerichte davon. Sprechen Sie auch mit Ihrer Bank über die Vorsorgevollmacht – nicht immer akzeptieren die Kreditinstitute fremde Dokumente. Sie verweisen stattdessen gern auf eigene Formulare. Ein beurkundetes Dokument sollten sie aber akzeptieren.

Rechtliche Betreuung

In fremden Händen

Mit der Vorsorgevollmacht haben allein Sie es in der Hand, wer in Ihrem Namen spricht. Liegt keine gültige Vorsorgevollmacht vor, bestimmt ein Betreuungsgericht, wer einen kranken Menschen als „rechtlicher Betreuer" vertreten soll. Meistens wählt das Gericht dazu einen nahen Angehörigen aus. Es kann aber auch einen beruflichen Betreuer bestimmen – dann würde eine fremde Person für Sie sprechen.

Patientenverfügung abfassen

Sie benötigen:

- Einen freien Willen
- Stift und Papier

In einer Patientenverfügung kann jeder Erwachsene festhalten, wie Ärzte verfahren sollen, wenn er schwer krank und nicht ansprechbar ist.

1 Informieren Sie sich bei Ihrem Hausarzt über typische Krankheitsverläufe und medizinische Möglichkeiten. Wenn Sie nicht wissen, was die sogenannte Apparatemedizin konkret leisten kann, können Sie keine kluge Verfügung aufsetzen. Manche Ärzte beraten kostenlos, mitunter zahlt die Kasse. Wenn Sie keine Verfügung aufsetzen, gilt Ihr „mutmaßlicher Wille". Dann berücksichtigen Ärzte, was Angehörige über Ihre Ansichten berichten.

2 Schreiben Sie in eigenen Worten auf, in welchen Fällen Ihre Verfügung gelten soll. Erklären Sie, dass Sie das Dokument bei klarem Verstand formuliert haben und sich über die Folgen im Klaren sind. Datum und Unterschrift sollten nicht fehlen. Sie können in der Verfügung auch Erlebnisse und Wertvorstellungen notieren, einer Organspende zustimmen oder konkrete Wünsche für die Pflege festhalten. Beim Formulieren hilft eine Broschüre des Bundesjustizministeriums. Sie können sie unter www.bmj.de (Suchwort „Patientenverfügung") herunterladen oder bestellen (01805/778090). Ist alles fertig, sollten Sie noch die ärztliche Beratung erwähnen und den Arzt bitten, auch zu unterschreiben.

3 Flankieren Sie die Patientenverfügung mit einer schriftlichen „Vorsorgevollmacht". Sie können darin eine Person bestimmen, die Ihren Wünschen aus der Patientenverfügung Nachdruck verleiht. Schreiben Sie auf, dass sie Maßnahmen zustimmen oder verhindern darf, die Ihr Leben gefährden (wie eine Herzoperation), Ihre Gesundheit auf Dauer schädigen (wie eine Amputation) oder eine Freiheitsentziehung bedeuten (wie eine Heimunterbringung oder ein Bettgitter). Wenn die Vollmacht auch in anderen Fällen gelten soll, sollten Sie unbedingt das „Gewusst wie" auf Seite 112 lesen.

4 Die Entscheidung steht? Dann sollten Sie wichtige Freunde und Angehörige darüber informieren. Legen Sie einen Hinweis in Ihre Brieftasche, damit man Ihre Verfügung schnell findet. Und keine Angst: Wenn sich Ihre Ansichten ändern, können Sie die Verfügung jederzeit widerrufen – auch mündlich.

Notfallsituation

Ärzte handeln

Keine Sorge: Wenn Ärzte die Behandlungswünsche eines bewusstlos eingelieferten Patienten nicht schnell ergründen können, retten Sie im Zweifel dessen Leben. So empfehlen es auch die Bundesärztekammer und deren Ethikkommission.

Pflegestufe beantragen

Sie benötigen

- Stift und Papier
- Uhr
- Vordruck für ein Pflegetagebuch

Irgendwann geht es nicht mehr alleine. Wer im Alltag Hilfe braucht, etwa beim Aufstehen oder bei der Körperpflege, hat Anspruch auf Leistungen der Pflegeversicherung. Pflegende Angehörige bekommen dann Pflegegeld oder die Versicherung zahlt professionelle Pflege bis zu einem bestimmten Umfang. Wie viel es gibt, hängt von der Pflegestufe ab. Die müssen Sie beantragen.

1 Stellen Sie bei Ihrer Kasse einen Antrag. Es reicht, wenn Sie schreiben: „Ich beantrage hiermit Leistungen der Pflegeversicherung und bitte um kurzfristige Begutachtung." Die Kasse schickt Ihnen dann ein Antragsformular, das Sie ausgefüllt zurücksenden müssen. Privat Krankenversicherte wenden sich an ihre private Krankenversicherung.

2 Bitten Sie die Menschen, die sich um Sie kümmern, zwei Wochen lang ein Pflegetagebuch zu führen. Sie sollten notieren, wann und wobei Sie Hilfe benötigen und wie lange das dauert. Einen Vordruck dafür bekommen Sie von der Krankenkasse. Sie können den Vordruck auch aus dem Internet herunterladen, zum Beispiel unter www.vz-berlin.de/mediabig/33212A.pdf.

3 Ein Gutachter des Medizinischen Dienstes der Krankenversicherung (MDK) wird seinen Besuch ankündigen. Wenn Sie privat versichert sind, meldet sich ein Gutachter der Firma Medicproof. Bitten Sie pflegende Angehörige, dabei zu sein, und halten Sie Ihr Pflegetagebuch bereit. Der Gutachter kommt, um festzustellen, wo Sie Hilfe benötigen. Das Pflegetagebuch ermöglicht ihm, Ihre Situation realistischer einzuschätzen. Es ist nicht ratsam, „Peinliches“ wie etwa Inkontinenz zu verschweigen. Denn auf Grundlage seines Gutachtens entscheidet dann die Kasse über Ihre Einstufung.

4 Spätestens fünf Wochen nachdem die Pflegekasse Ihren Antrag erhalten hat, muss Sie Ihnen Ihre Pflegestufe mitteilen. Sind Sie mit der Einstufung nicht einverstanden, können Sie innerhalb von vier Wochen ab Erhalt dieses Bescheids Widerspruch einlegen. Wie das geht, lesen Sie auf Seite 108.

Unterlagen

Geld zurückholen

Behalten Sie eine Kopie Ihres ersten Antrags. Falls Sie eine Pflegestufe bekommen, muss Ihnen die Kasse rückwirkend ab Antragszeitpunkt Leistungen gewähren. Sammeln Sie Belege über bezahlte Rechnungen, wenn in der Zeit bis zur Einstufung bereits ein ambulanter Pflegedienst für Sie tätig ist. Das Gleiche gilt für selbst bezahlte Leistungen während eines Widerspruchsverfahrens.

Pflegezeit nehmen

Sie benötigen

- Bei zehntägiger Pflegezeit: Anruf beim Chef und Attest über Pflegebedürftigkeit Ihres Angehörigen
- Sechsmonatige Pflegezeit: Schriftlicher Antrag beim Arbeitgeber plus Kopie der Bescheinigung über Pflegestufe
- Gegebenenfalls: Antrag auf Zuschuss zur Krankenversicherung bei der Pflegekasse des Pflegebedürftigen

Arbeitnehmer dürfen bis zu sechs Monate Sonderurlaub nehmen, um Angehörige zu pflegen. Sobald der Mitarbeiter die Pflegezeit bei seinem Chef angekündigt hat, genießt er Kündigungsschutz. Nach der Pflegezeit kehrt er an den Arbeitsplatz zurück. Als nahe Angehörige gelten etwa Großeltern, Eltern, Geschwister, Ehepartner, Schwiegereltern, eingetragene Lebenspartner sowie Partner einer eheähnlichen Lebensgemeinschaft. Kinder, Schwiegerkinder und Enkelkinder zählen ebenso.

1 Ist ein Angehöriger unerwartet etwa durch einen Sturz pflegebedürftig geworden, können

Sie sofort für für zehn Tage zu Hause bleiben. Sie müssen Ihrem Chef nur Bescheid geben. Er kann aber ein ärztliches Attest verlangen, welches den Pflegebedarf bestätigt.

2 Ist absehbar, dass der Pflegebedarf länger dauert, sollte Ihr Angehöriger eine Pflegestufe beantragen (siehe Seite 116). Wenn er bereits mindestens in Pflegestufe I ist, können Sie bis zu sechs Monate Pflegezeit nehmen. Einen Anspruch darauf haben Sie aber nur, wenn Ihr Arbeitgeber mehr als 15 Mitarbeiter beschäftigt. Die Pflegezeit müssen Sie zehn Arbeitstage vor Beginn schriftlich beim Arbeitgeber beantragen. Legen Sie eine Kopie über die Festlegung der Pflegestufe bei. Wollen Sie Teilzeit arbeiten, müssen Sie angeben, wie Ihre Arbeitsstunden verteilt sein sollen. Ihr Wunsch darf nur in Ausnahmefällen abgelehnt werden.

3 In den sechs Monaten Pflegezeit erhalten Sie keinen Lohn. Auch um Ihre Krankenversicherung müssen Sie sich selbst kümmern. Sind Sie verheiratet? Rufen Sie bei der Kasse Ihres Partners an, ob Sie sich dort beitragsfrei familienversichern können. Geht das nicht, werden Sie sich womöglich gegen Entgelt privat versichern oder freiwilliges Mitglied einer gesetzlichen Kasse werden müssen. Aber Sie können bei der Pflegekasse des Pflegebedürftigen einen Zuschuss beantragen. Arbeiten Sie in der Pflegezeit Teilzeit und verdienen mehr als 400 Euro monatlich, sind Sie versichert wie bislang.

Gesetzesvorhaben

Familienpflegezeit

Ab 2012 sollen Arbeitnehmer zur Pflege auch für zwei Jahre auf bis zu 15 Stunden reduzieren können. Wer statt Vollzeit nur noch 50 Prozent arbeitet, bekommt in der Pflegezeit 75 Prozent des Vollzeit-Lohns. Später arbeitet der Mitarbeiter weiter zum reduzierten Gehalt, bis der Vorschuss des Arbeitgebers „abgearbeitet" ist. Die Familienpflegezeit kann der Chef aber ohne Gründe ablehnen.

Pflegeheim finden

Sie benötigen

- Stift und Papier
- Computer mit Internetanschluss

In Deutschland gibt es rund 13 000 ambulante Pflegedienste und 10 500 Pflegeheime – doch welche Einrichtung ist gut? Die Medizinischen Dienste der gesetzlichen Krankenversicherung (MDK) prüfen die Anbieter und vergeben Noten. Über zwei Drittel der Einrichtungen haben die Prüfer bereits kontrolliert, und es werden immer mehr. Die Ergebnisse sind im Internet zu finden.

1 Die Krankenkassen haben Pflegefinder, etwa www.pflegelotse.de, www.bkk-pflegefinder.de, www.aok-gesundheitsnavi.de oder www.der-pflegekompass.de. Geben Sie in der Suche den gewünschten

Ort oder die Postleitzahl ein. Wählen Sie, was für einen Typ Einrichtung Sie suchen. Der Pflegefinder nennt Anbieter in Ihrer Nähe.

2 Schauen Sie dort auch, wie Ihre Wunscheinrichtung abgeschnitten hat. Die Noten stehen im „Transparenzbericht". Lassen Sie sich nicht von der Gesamtnote blenden. Wichtig sind bei einem Pflegedienst die Einzelnoten für „ärztliche Leistungen" und „ärztlich verordnete pflegerische Leistungen", bei einem Pflegeheim die Note für „Pflege und medizinische Versorgung".

3 Sehen Sie sich auch die Noten der Unterpunkte an. Wichtig sind für alle Pflegebedürftigen die Behandlung von Druckgeschwüren, die Ernährung und Flüssigkeitsversorgung, die Medikamentenvergabe und das Vermeiden von Stürzen und Gelenkversteifungen. Experten empfehlen, bei einem Pflegeheim besonders auf die Punkte mit den Nummern 7, 10, 14, 15, 17, 18, 23, 26 und 28 zu achten, bei einem ambulanten Dienst auf die Nummern 1, 2, 5, 8, 12, 13, 18 und 19. Je nach Erkrankung können auch andere Unterpunkte für Sie wichtig sein, etwa die Noten für den Umgang mit Demenz oder mit chronischen Schmerzen. Vorsicht vor Anbietern, die in einem wichtigen Punkt ein „mangelhaft" haben. Im Bericht steht auch, wie viele Fälle die Prüfer untersucht haben. Es gilt: Je mehr Fälle, desto verlässlicher ist die Note.

4 Noten sind nicht alles. Nehmen Sie vor einem Vertragsschluss die Anbieter immer auch im persönlichen Gespräch unter die Lupe. Sprechen Sie vorher mit Ihrem pflegebedürftigen Angehörigen und notieren Sie die wichtigsten Fragen.

Transparenzbericht

Gesamtnote trügt

Die Gesamtnote im Transparenzbericht sagt wenig über eine Einrichtung aus. Über die Hälfte der Einrichtungen, die hier ein „sehr gut" haben, haben in mindestens einer wichtigen Unternote (siehe Schritt 3) ein „mangelhaft".

Organspendeausweis nutzen

Sie benötigen

- Spendenbereitschaft

Im europäischen Vergleich ist die Zahl der Organspenden in Deutschland sehr gering. Dabei ist die Bereitschaft, die eigenen Organe nach dem Tod zu spenden, hierzulande eigentlich groß. Zwei Drittel der Bevölkerung würden anderen Menschen Organe spenden. Doch nur wenige haben einen Spenderausweis.

1 Informieren Sie sich darüber, wie eine Organspende nach dem Tod abläuft. Das können Sie zum Beispiel auf den Seiten der Bundeszentrale für gesundheitliche Aufklärung (www.organspende-info.de). Hier wird erklärt, welche Organe üblicherweise transplantiert werden und wann das überhaupt zulässig ist. So müssen vor einer Transplantation mindestens zwei spezialisierte Ärzte, die nicht dem Transplantationsteam angehören dürfen, den Hirntod des Spenders unabhängig voneinander festgestellt haben. Sind nach dem endgültigen Stillstand von Herz und Kreislauf mehr als drei Stunden vergangen, genügt die Feststellung durch einen einzelnen Arzt.

2 Wenn eine Organspende nach dem Tod für Sie in Betracht kommt, dann sprechen Sie darüber mit Ihren Angehörigen. Diese würden im Fall Ihres Todes gefragt, ob eine Spende in Ihrem Sinne ist, falls die Mediziner sonst keine Informationen über Ihre Haltung finden.

3 Damit Mediziner nach dem Tod eines Menschen schnell handeln können, sollten Spendenwillige einen Spenderausweis ausfüllen und in der Brieftasche deponieren. Den Ausweis können Sie unter der Nummer 0800/9040400 bestellen. Einen Spenderausweis darf jeder ausfüllen, ärztliche Untersuchungen sind dafür nicht nötig. Erklärungen im Ausweis gelten, wenn der Ausfüllende mindestens 16 Jahre alt ist. Im Ausweis der Organspende widersprechen (siehe Kasten) kann man bereits ab 14.

Organspendeausweis

Spende verhindern

Den Organspendeausweis sollten Sie auch nutzen, wenn eine Organspende für Sie auf keinen Fall infrage kommt und Sie sie unbedingt verhindern wollen. Sie können darin ankreuzen, dass Sie der Entnahme von Organen widersprechen. Dann müssen sich Ärzte daran halten. Wichtig ist das, wenn Sie viel im Ausland unterwegs sind. Anders als in Deutschland, wo nur mit vorheriger Einwilligung des Verstorbenen oder der Zustimmung von Angehörigen eine Transplantation durchgeführt wird, gilt in vielen europäischen Ländern die Regel: Transplantationen sind erlaubt, sofern der Betroffene nicht nachweislich dagegen ist.

Erbschein beantragen

Sie benötigen

- Termin bei Amtsgericht oder Notar
- Personalausweis oder Reisepass
- Sterbeurkunde
- Falls vorhanden Testament oder Erbvertrag
- Anschriften aller Miterben

Wollen die Erben über Eigentum und Vermögen des Verstorbenen verfügen, benötigen sie einen Nachweis über ihre Stellung als Erbe. Oft müssen sie einen Erbschein beantragen.

1 Stellen Sie fest, ob Sie wirklich einen Erbschein benötigen. Ein Bankguthaben können Sie sich auch ohne Erbschein auszahlen lassen, wenn Sie zu Lebzeiten eine Kontovollmacht vom Verstorbenen bekommen haben. Ohne Schein geht es auch, wenn Sie der Bank das Testament oder eine beglaubigte Kopie davon vorzeigen und daraus hervorgeht, dass Sie Erbe sind. Sie müssen dann aber zusätzlich das Protokoll des Amtsgerichts über die Testamentseröffnung vorlegen. Gibt es kein Testament oder ist es nicht eindeutig, wird die Bank von Ihnen einen Erbschein verlangen. Das Umschreiben eines Grundstücks geht nur dann ohne Erbschein, wenn ein notarielles Testament oder ein Erbvertrag hinterlassen wurde.

2 Brauchen Sie einen Erbschein, können Sie ihn beim Notar oder in der Nachlassabteilung des Amtsgerichts beantragen. In Baden-Württemberg sind die staatlichen Notariate zuständig. Rufen Sie beim Amtsgericht oder einem Notariat an, vereinbaren Sie einen Termin und fragen Sie nach, welche Unterlagen Sie dafür benötigen. In jedem Fall ist die Sterbeurkunde mitzubringen. Ein handschriftliches Testament müssen Sie im Original vorlegen, wenn noch keine Testamentseröffnung stattgefunden hat. Existiert kein Testament, müssen Sie Dokumente vorlegen, aus denen sich Ihre Stellung als gesetzlicher Erbe ergibt. Hat die Ehefrau geerbt, muss sie etwa die Heiratsurkunde vorlegen. Nehmen Sie das Familienstammbuch des Verstorbenen mit, wenn es eines gibt. Gibt es ein Testament, müssen Sie eidesstattlich versichern, dass Ihnen kein weiteres bekannt ist.

3 Nun müssen Sie ein Formular zum Wert der Sachen im Nachlass und zu den Schulden des Verstorbenen ausfüllen. Je wertvoller der Nachlass ist, desto mehr kostet der Erbschein.

4 Wenn Sie noch Unterlagen nachreichen müssen, kann es mehrere Wochen dauern, bis der Erbschein da ist. Liegen alle Dokumente vor, geht es aber meist sehr schnell.

Kosten

Bei Gericht billiger

Ist ein Nachlass zum Beispiel 50 000 Euro wert, kostet der Erbschein beim Amtsgericht 528 Euro, bei einem Wert von 100 000 Euro sind es 828 Euro. Den Erbschein beim Notar zu beantragen, ist teurer: Auf seine Gebühr kommen 19 Prozent Mehrwertsteuer.

Register

N

O

P

R

S

T, U

V

W, Z

IMPRESSUM

© 2011 Stiftung Warentest, Berlin

Stiftung Warentest
Lützowplatz 11–13
10785 Berlin
Telefon 0 30 / 26 31–0
Fax 0 30 / 26 31–25 25
www.test.de

Vorstand: Dr. jur. Werner Brinkmann
Weiteres Mitglied der Geschäftsleitung:
Hubertus Primus (Publikationen)

Alle veröffentlichten Beiträge sind urheberrechtlich geschützt. Das gilt auch gegenüber Datenbanken und ähnlichen Einrichtungen. Die Reproduktion – ganz oder in Teilen – durch Nachdruck, fototechnische Vervielfältigung oder andere Verfahren – auch Auszüge, Bearbeitungen sowie Abbildungen – oder Übertragung in eine von Maschinen, insbesondere Datenverarbeitungsanlagen, verwendbare Sprache oder die Einspeisung in elektronische Systeme bedarf der vorherigen schriftlichen Zustimmung des Verlags. Alle übrigen Rechte bleiben vorbehalten.

Programmleitung: Niclas Dewitz

Autoren: Michael Sittig, Lutz Wilde
Redaktionelle Mitarbeit: Kerstin Backofen, Aline Klett, Jörg Sahr, Jan Schrader, Ulrike Steckkönig, Marion Weitemeier
Lektorat/Projektleitung: Ursula Rieth
Lektoratsassistenz: Veronika Schuster
Korrektorat: Hartmut Schönfuß
Titelgestaltung, Layout und Satz:
Büro Brendel, Berlin
Verlagsherstellung:
Rita Brosius (Ltg.), Susanne Beeh
Produktion: Vera Göring
Litho: tiff.any GmbH, Berlin
Druck: Grafisches Centrum Cuno GmbH & Co. KG, Calbe

Einzelbestellung:
Stiftung Warentest
Telefon 0 180 5 / 00 24 67
Fax 0 180 5 / 00 24 68
(je 14 Cent pro Minute aus dem Festnetz, maximal 42 Cent pro Minute aus dem Mobilfunknetz)
www.test.de

ISBN: 978-3-86851-324-0